Vorwort

Kann man überhaupt noch ein Reisebuch mit dem Thema einer Nordseeinsel wie Borkum schreiben? Ist nicht jeder Sonnenuntergang bereits besungen worden? Hat man nicht jeden Quadratzentimeter Inselboden penibel vermessen? Ist nicht schon der gemeinste Wattlattich Gegenstand mehr oder minder erheblicher Dissertationen gewesen?

Ja, das alles trifft zu. Doch Inseln - namentlich *Watten*inseln - haben eine Eigendynamik, die mit ständig neuen Aspekten aufwartet. *Panta rhei,* alles fließt. Nicht nur die rastlosen Gezeiten und winterlichen Stürme sorgen für permanente Wechsel der Inselkonturen. Auch jede Welle, und sei sie noch so klein, zeichnet ihre Unterschrift in den Sand, onduliert und glättet ihn wieder, versieht ihn im Gefolge winziger Strudel mit exotischen Mustern. Jedesmal entsteht ein nie gesehenes Gemälde. Und dieser Vorgang wiederholt sich, tausend-, millionenmal.

Die Weisen der Welt haben stets ihr Augenmerk auf die See gerichtet, um in deren nimmermüder Bewegung jegliche Finalität verneint zu finden. Wechsel ist Leben, Stillstand Tod. Man muss keine Koryphäe auf dem Gebiet der Philosophie sein, um zu Einsichten dieser Art zu gelangen, *insularen* Einsichten. Es genügt, die stetige Veränderung der Materie zu beobachten, den Blick für das immer Neue zu schärfen und sich des nie gleich bleibenden Gesichts der Erde zu erfreuen.

Ein Tag am Strand führt unendlich viele solcher kleinen Wunder vor Augen. Oberflächlich wie der Mensch ist, mag er unsehend an ihnen vorbeiwandern. Doch das Perpetuum mobile dringt womöglich ins Unterbewusstsein vor, hält es auf Trab und vermittelt auf diesem Weg das Wohlbefinden und Hochgefühl, das ein Aufenthalt im Bereich von Sand und See unweigerlich im Gefolge hat. Dazu gesellen sich: weiter

Raum und die damit verknüpfte freie Bewegung. Ruhe - eines unserer immer mehr abhanden kommenden Grundbedürfnisse. Sauberkeit - eine Umwelt ohne den allgegenwärtigen Gestank von 50 Millionen Kraftfahrzeugen. Sicherheit - Kriminelle haben es auf einer Insel schwer - und einhergehender Seelenfrieden. Welche Luxusgüter! Mögen auch Ihnen diese bereichernden Eindrücke zuteil werden. Die Insel Borkum ist - mitsamt ihrer zahlreichen augenfälligeren Annehmlichkeiten - zweifellos der rechte Platz dafür.

Roland Hanewald

Exkurse

Karten

Allgemeine
Reisetipps

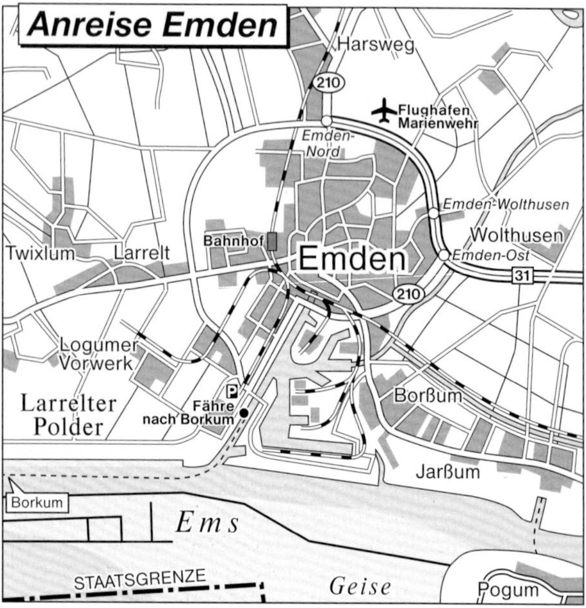

Anreise

Überblick

Wie gelangt man nach Borkum? Man fährt mit dem ***Auto*** oder der ***Bahn*** bis zu den Fährhäfen Emden oder Eemshaven, um dann auf die Fähren umzusteigen. Wenn man sich in der Umgebung von Emden aufhält, kann man den Fährterminal auch ***zu Fuß*** erreichen.

Die ***Fähren*** nach Borkum verkehren gezeitenunabhängig und nach festen Fahrplänen (detaillierte Fahrpläne im Anhang). Es gibt je eine Autofährverbindung und eine Schnellkatamaranverbindung (nur für Passagiere) ab Emden-Außenhafen und ab dem niederländischen Eemshaven. Die Fahrzeit beträgt zwei Stunden für die Emder Autofähre und eine knappe Stunde für die Eemshavener. Der Katamaran benötigt ab Emden ebenfalls eine Stunde, ab Eemshaven nur eine halbe.

Info Fähren •***Reiseauskunft*** und ***zentrale Kfz-Platzanmeldung*** für die Fähren (auch Eemshaven): Tel. 01805 - 18 01 82, Fax 04921 - 8 90 74 05, E-Mail: info@ag-ems.de, Internet: www.ag-ems.de inkl. aktuelle Fahrpläne. Rechtzeitige Reservierung für Autos ist vor allem im Sommer dringend erforderlich. Der Terminal in Eemshaven ist zusätzlich unter Tel. 0031 - 5 96-51 60 84 (Info) und - 51 91 91 (Reservierungen) erreichbar.

Anreise per Auto

Die ***Borkumkais,*** von denen die Fähren nach Borkum ablegen, sind sowohl in Emden als auch in Eemshaven mit Einschluss der Zufahrten gut ausgeschildert. Siehe auch Karte.

Parken auf Borkum Zu bedenken: Während großer Teile des Jahres (mind. Ende März bis Mitte Oktober) ist der ***Ortskern von Borkum für PKW gesperrt.*** Man erhält dann am Kai einen Zettel mit der Verpflichtung, auf geradem Wege zur Unterkunft zu rollen und das Fahrzeug dort bis zur Abreise abzustellen; auf dem Rückweg gibt's wieder einen. Hat der Vermieter keine Garage, so ist über selbigen zu sichern, dass ein Parkplatz gefunden wird; der bewusste Zettel berechtigt einen dann, vor der Unterkunft zumindest das Gepäck abzuladen. *Ob* es einen Parkplatz gibt, ist gar nicht mal so gewiss. Namentlich im Sommer glauben nämlich viele, die anderen verzichten auf ihre Autos; nur man selber hat's nicht nötig. Dann wird es eng, denn außerhalb des ohnehin gesperrten Zentrums besteht auf fast allen Straßen Parkverbot.

Sondergenehmigungen erhalten Gehbehinderte mit rotem oder grünem Ausweis (G) durch das Rathaus Borkum (Tel. 04922 - 30 32 22). An den Strand dürfen sie aber auch nicht fahren.

Borkumgaragen Es ist deshalb dringend anzuraten, nicht mit dem Auto auf die Insel zu fahren, sondern das Auto in den Borkumgaragen (Tel. 04921 - 89 07 41), die sich nahe der Borkumkais befinden, für die Dauer des Inselaufenthaltes abzustellen. Die Preise dafür liegen zwischen 2,50 € und 4 €. Vergleichbare Parkmöglichkeiten (und Preise) auch in Eemshaven.

Anreise mit der Bahn

Die Bahn bietet ***direkte Verbindungen bis auf den Borkumkai;*** man kann dort unmittelbar vom Zug auf die Fähre steigen. Fahrkarten inkl. Fährpreis gibt es bei der *Bahn AG* und in Reisebüros.

Von Emden Hbf (Tel. DB 1 18 61) fahren *keine* Vorortzüge zum Außenhafen. Man muss dort also gegebenenfalls auf einen Borkumzug umsteigen oder per Bus bzw. Taxi weiter (2 km). Am besten, man wählt einen Direktzug, der bis zum Außenhafen (Borkumkai) fährt.

Abfahrtbereit am Borkumkai

Autofähre ab Emden

Die Autofähre Emden - Borkum verkehrt von Emden-Außenhafen nach Borkum- „Reede“.

Tarife

● Personen	***Erwachsene***	***Kinder*** 4-11 J.
- Einf. Fahrt (gültig am Ausgabetag)	15,75 €	7,90 €
- Tagesrückfahrkarte (nur am Ausgabetag)	16,00 €	8,00 €
- Strandticket (Katamaran) Mitte April bis Mitte Okt. tägl. hin 9.00, rück 17.30 Uhr	24,70 €	15,00 €
- Wochenendrückf. (gültig Fr 15 Uhr bis So)	24,00 €	12,00 €
- Rückfahrkarte (2 Monate)	29,50 €	14,75 €
- 10er Karte (Hin/Rück)	225,00 €	–
- 10er Cat-Zuschlag	80,00 €	

● *Hund* (einf. oder Rückf.)	7,00 €

● *Katamaranzuschlag* (einf.)	
Erwachsene	8,80 €
Kind	4,50 €
Hund	4,50 €

● *Fahrrad*	
- einf. oder Tagesrückfahrt	6,50 €
- Rückfahrkarte	10,50 €
- Surfbrett	17,00 €

● *Gepäckbeförderung*	
- Emden Hafen - Borkum Bhf	7,50 €
- Emden Hafen - Unterkunft	12,50 €
- jedes weitere Gepäckstück	10,00 €

● *Fahrzeuge bis 2,5 t,* Hin-/Rückfahrt	Höhe bis 160 cm**	>160 cm***
- bis 3 m	67,50 €*	71,50 €*
- bis 4 m	87,00 €*	92,00 €*
- bis 4,50 m	103,50 €*	110,00 €*
- bis 5 m	124,00 €*	131,00 €*
- über 5 m	148,50 €*	148,50 €*

● *Wohnwagen/Pferdeanhänger*	
- bis 4 m Länge	107,50 €*
- bis 6 m Länge	127,50 €*
- über 6 m Länge	163,00 €*

*) Preise jeweils + 2,5 % Kaigebühr

) und ohne Hecklasten *) oder mit Hecklasten

Nach Borkum zu Fuß

Was - zu Fuß? Nun, manch einer hat bestimmt bereits von den berühmten ***Wattwanderungen*** gehört, mittels derer sich die der Küste vorgelagerten Inseln bequem per pedes erreichen lassen. Bei Borkum sollte man das allerdings ***nicht versuchen.*** Gut 20 km hätte man vom nächsten Festlandspunkt zurückzulegen - und das ist lediglich die Luftlinie. Außerdem ist die Strecke voller tiefer Priele und überdies größenteils Ruhezone des Nationalparks Wattenmeer - betreten verboten! Wattwanderungen werden von Borkum aus zwar unternommen, aber keineswegs zum Festland.

Allerdings kann man ***zu Fuß zumindest den Fährterminal Emden erreichen.*** Dafür bieten sich prächtige Wanderungen auf den Deichen beiderseits der Stadt an. Komplette Routenbeschreibungen finden sich im Urlaubshandbuch „Nordseeküste Niedersachsens" dieses Verlages.

Passagier-Katamaran

Außerdem kann man per schnittigem Passagier-Katamaran mit 70 Sachen in einer knappen Stunde von Emden nach Borkum düsen. Von Eemshaven ist man sogar nur eine halbe Stunde unterwegs. Es kostet nicht viel mehr: dieselben Preise wie bei der Autofähre, zuzüglich eines Aufschlags von 8,80 € pro Person und 4,50 € pro Kind oder Hund für die einfache Fahrt ab Emden sowie 4,50 € bzw. 3,00 € ab Eemshaven. Man hat, weil nur Personenverkehr, keine miefenden Autos um sich herum, und manchem macht es gewiss Spaß, mit einem Affenzahn die Außenems entlangzujagen. Zusätzliche Cat-Abfahrten von der Knock (westl. von Emden), im Sommer auch von Meppen und Papenburg. Die Naturschützer sind angesichts der Störungen für die gesamte Wattenmeerfauna allerdings nicht so begeistert von diesen Flitzern.

Autofähre ab Eemshaven

Tarife

• *Personen*	***Erw.***	***Kinder* 4-11 J.**
- Tagesrückfahrkarte (nur am Ausgabetag)	14,00 €	7,00 €
- Einf. Fahrt	13,75 €	6,90 €
- Wochenendrückf. (Fr 15 Uhr bis So)	22,00 €	11,00 €
- Rückfahrkarte (2 Monate)	25,50 €	12,75 €
- 10er Karte (Hin/Rück) nicht übertragbar	204,00 €	–
- DIMIDO Tagesrückfahrticket (Di, Mi, Do in den Ferien Nds. und NRW)	13,00 €	

• *Hund* (einf. oder Rückf.)	7,00 €
• *Katamaranzuschlag* (einf.)	
Erwachsene	4,50 €
Kind	3,00 €
Hund	3,00 €
Surfbrett	11,00 €
• *Fahrrad*	
- einf. oder Tagesrückfahrt	6,00 €
- Rückf. für 2 Monate	10,00 €
• *Gepäcktransport* (erstes Stück)	
- Eemsh. - Borkum Bhf	5,75 €
- Eemsh. - Borkum Unterkunft	10,75 €
jedes weitere Gepäckstück	7,75 €

• *Fahrzeuge bis 2,5 t,* Hin-/Rückfahrt	Höhe bis 160 cm*	>160 cm**
- bis 3 m	58,00 €	61,00 €
- bis 4 m	75,30 €	79,50 €
- bis 4,50 m	89,00 €	93,80 €
- bis 5 m	106,50 €	111,50 €
- über 5 m	130,00 €	135,00 €

• *Wohnwagen/Pferdeanhänger*	
- bis 4 m	72,50 €
- bis 6 m	84,80 €
- über 6 m	109,00 €

*) und ohne Hecklasten **) oder mit Hecklasten

Anreise mit dem Flugzeug

Von Emden

Die Fluggesellschaft *Ostfriesische Lufttransport GmbH* (OLT, Tel. Emden 04921 - 89 92-0, Fax 89 92 22) fliegt Borkum an, und zwar ab Emden täglich bis zu siebenmal.

● ***Sommerflugplan:***

Abflug ab Emden	*Abflug ab Borkum*
07.30 Uhr*	08.00 Uhr*
08.30 Uhr**	09.00 Uhr**
10.30 Uhr*	12.30 Uhr*
13.30 Uhr*	15.00 Uhr*
17.30 Uhr*	18.00 Uhr*

*) täglich
**) außer Sa und So

Die ***Flugzeit*** beträgt 15 Minuten. ***Preise:*** einfacher Flug 57 €, hin und zurück 114 €, Verbundticket Flugzeug/Fähre 72 €, Kinder unter 10 halber Preis. Der ***Emder Flugplatz*** liegt etwa 3 km vom Stadtzentrum entfernt (siehe Emden-Karte).

Von anderen Orten

Im Sommer fliegen die Airlines OLT und Roland Air (Tel. 0700 - 55 55 90 00) mehrmals in der Woche direkt ab ***Bremen*** und ***Düsseldorf.*** Verbindungen gibt es auch mindestens dreimal wöchentlich mit ***Helgoland, Norderney*** und ***Juist.***

Der ***Borkumer Flugplatz*** ist ca. 2 km vom Ort entfernt und hat eine Busverbindung. Das dortige Büro der Airline ist unter der Telefonnummer 04922 - 6 86 zu erreichen.

Anreise mit dem eigenen Boot

Yachthafen

Der neue Borkumer Yachthafen besitzt eine tiden- und weitgehend wetterunabhängige Einfahrt für Privatboote, ist 4000 qm groß und 2,30 m tief und hat an Schwimmstegen Platz für 250 Boote. Der Vereinshafen **Burkana** verfügt über weitere 80 Liegeplätze. Damit sind die Probleme aus der Welt, die die Yachties bis vor ein paar Jahren in dem ungemütlichen Schutzhafen hatten, der heute (nach Auszug der Marine) von diversen Bundesbehörden, der DGzRS und einer Handvoll Fischkutter genutzt wird. Trotzdem kann es im Sommer voll werden, vor allem wenn sich holländische Segler in großen Scharen einfinden; die Außenems ist ein beliebtes Revier.

Am ***Kai*** des Yachthafens gibt es ein großes Restaurant, einen Kiosk, sanitäre Anlagen, Waschmaschinen und einen „internationalen Treffpunkt für Skipper". Über die hässlichen Hallen und Schrotthaufen, die dahinter liegen, sehe man tunlichst hinweg. Die gehören halt zu Borkums Hinterhof.

- ***Yachthafenverwaltung:*** Tel. 04922 - 77 73.
- ***Segelclub Burkana:*** Tel. 04922 - 78 77.

- ***Buchtipp:*** Mit dem Thema Segeln beschäftigt sich auch der im Reise Know-How Verlag erschienene Praxis-Titel ***Küstensegeln*** von *Wilfried Krusekopf* mit vielen nützlichen Hinweisen für Skipper.

Hier stehen die
Nobelherbergen

Unterkunft buchen

Ihr hörtet wohl schon, Herr,
die Friesen rechnen gut.

Th. Storm, „Der Schimmelreiter"

Preise Auf Borkum war es, wo man 1993 das im Jahre zuvor vom Bundesgerichtshof ergangene Urteil bedauerte, nach dem alle Preise für Beherbergungsbetriebe in Deutschland klipp und klar als ***nebenkostenfreie Endsumme*** ausgewiesen werden mussten. „Leider" - das war der wenig gästefreundliche Borkumer Kommentar dazu, denn den Wirten entgingen dadurch vor allem die sogenannten End- oder Nachreinigungskosten von bis zu 60 Mark. Die waren offenbar ungerechtfertigt, sonst hätte es das Urteil ja gar nicht gegeben. Nicht faul, zog man prompt nach, die neue Gesetzeslage zu umgehen, indem man die verbotenen Nebenkosten in einen ***„1. Belegungstag"*** für Ferienwohnungen einbaute; an den Nachfolgetagen logierte der Gast dann zum „Normaltarif".

Dieses Hickhack ist seit dem Jahr 2000 höchst lobenswerterweise auf der Insel endgültig abgeschafft worden. Während man die untersagte Praxis in anderen Nordseebädern, kaum zu glauben aber wahr, klammheimlich durch die Hintertür wieder hineingelassen hat, weiß der Gast auf Borkum genau, woran er ist - ein dicker Pluspunkt für die Insel.

Gastgeberverzeichnis Die Suche nach einer Unterkunft beginnt mit der Bestellung des Gastgeberverzeichnisses durch die ***Zimmervermittlung Borkum*** (Adresse und Kontaktnummern unter „Insel-Info A-Z"). Dieser Liste liegt ein ***Zahlkärtchen*** mit offenem Betrag bei. Es wird darauf aufmerksam gemacht, dass die Zahlung *freiwillig* ist. Da es sich jedoch - im Gegensatz zur Kurtaxe, s.u. - um eine echte Dienstleistung handelt, sollte man dafür auch bezahlen.

Das bewusste Verzeichnis enthält ***Angaben über jedes Borkumer Bett.*** Alles ganz klipp und klar, doch aufpassen muss man immer noch ein wenig, zum Beispiel, dass man auch in die richtige ***Saison*** gerät. Da gibt es nämlich mehrfache Unterteilungen, zu viele, als dass sie hier alle aufgeführt werden könnten, und ganz beachtliche Preisunterschiede. Dafür erfährt man im Detail, ob der Hund willkommen ist oder nicht, ob der unverzichtbare Televisor vorhanden ist und ob man sich über Zigarettenrauch ärgern muss. (Nichtrauchern wird immer mehr Boden eingeräumt; es gibt schon komplette Häuser für sie.)

Gastaufnahmevertrag Man setzt sich alsdann ***mit dem Vermieter in Verbindung*** und Einvernehmen; die Verwaltung hat mit diesen Transaktionen nichts mehr zu tun. Verbindlich für dieselben ist der Gastaufnahmevertrag, dessen wichtigste Paragrafen folgendes aussagen:

1. Der Gastaufnahmevertrag ist abgeschlossen, sobald die Unterkunft bestellt und schriftlich bestätigt wurde.

2. Der Abschluss des Gastaufnahmevertrages verpflichtet die Vertragspartner zur Erfüllung des Vertrages, gleichgültig, auf welche Dauer der Vertrag abgeschlossen ist.

3. Der Vermieter ist verpflichtet, bei Nichtbereitstellung der Unterkunft dem Gast Schadenersatz zu leisten.

4. Der Gast ist verpflichtet, bei Nichtinanspruchnahme der vertraglichen Leistungen den folgenden Teil des vereinbarten Preises zu zahlen:
- 95% des Preises bei Ferienwohnungen
- 80% des Preises bei Übernachtung mit Frühstück
- 70% des Preises bei Übernachtung mit Teilverpflegung
- 60% des Preises bei Übernachtung mit Vollverpflegung

5. Der Vermieter ist nach Treu und Glauben gehalten, nicht in Anspruch genommene Unterkünfte anderweitig zu vermieten, um Ausfälle zu vermeiden. Er ist deshalb verpflichtet, diese Unterkunft außerdem der Kurverwaltung Borkum zwecks Vermittlung zu melden. Hierüber wird eine Bestätigung erteilt.

Bis zur anderweitigen Vermietung der Unterkunft hat der Gast für die Dauer des Vertrages den nach Ziffer 4 berechneten Betrag zu zahlen.

6. Ausschließlicher Gerichtsstand ist Emden. Im übrigen gelten für das Vertragsverhältnis und für die Haftung des Vermieters für eingebrachte Sachen die Bestimmungen des BGB.

Stillleben

Die Kurpackung

Deutsches Kurwesen

„Das deutsche Kur- und Badewesen ist eine gigantische ‚weiße Industrie', öffentlich finanziert. Nirgendwo in der Welt gibt es etwas Vergleichbares, das Kurwesen ist eine deutsche Spezialität."

„Ob Kuren mehr helfen als Urlaub ist bei Medizinern umstritten."

„Bei den Kuren wird das Geld zum Fenster rausgeblasen" - Ex-Gesundheitsminister *Seehofer.*

Das sind einige Sätze aus dem Artikel „Erst Fango, dann Tango" *(Der Spiegel,* 26/96), die zu denken geben sollten. Dennoch - oder gerade deswegen - wird das Prinzip Kur *(Seehofer:* „Schnickschnack") heute mehr gepuscht denn je; es soll ja, knappe Kassen oder nicht, denen erhalten bleiben, die mit ihm ihre Gesundheit erhalten wollen; es verdient sich sehr gut daran. Die Gemeinde Borkum, wie alle anderen deutschen Eilande voll auf den ***öffentlich finanzierten Kurbetrieb*** abgefahren, stößt munter in dasselbe Horn: „Die Krankenkasse übernimmt als Kostenträger 85% der Kurmittelkosten und leistet einen Zuschuss von 13 € pro Tag für Unterkunft, Verpflegung, Kurtaxe und Anreise." Aber: „Selbstverständlich können Sie auch auf eigene Kosten eine Kur machen."

Kurtaxe auf Borkum

Ob kassengestützt oder eigenverantwortlich, bis auf weiteres müssen ***alle Inselbesucher,*** gleich ob sie kuren wollen oder nicht, ihren Obolus an das bestehende System, die ***Kurtaxe, entrichten.*** Denn: „Die Stadt Borkum ist als Nordseeheilbad staatlich anerkannt. Zur Deckung des Aufwandes für die Herstellung, Anschaffung, Erweiterung, Verbesserung, Erneuerung und Unterhaltung dieser Einrichtungen, die dem Fremdenverkehr dienen, erhebt die Stadt einen Kurbeitrag, soweit der Aufwand nicht durch Fremdenverkehrsbeiträge oder auf andere Weise gedeckt wird. *Der Kurbeitrag ist unabhängig davon zu zahlen, ob und in welchem Umfang die Einrichtungen genutzt werden* (meine Hervorhebung). Die Erhebung von Gebühren für die Benutzung öffentlicher Einrichtungen nach besonderen Vorschriften bleibt unberührt. Kurbeitragspflichtig sind alle Personen, die sich in dem als Nordseeheilbad anerkannten Gebiet (Erhebungsgebiet) aufhalten, ohne in ihm eine Hauptwohnung zu haben, und denen die Möglichkeit zur Benutzung der Fremdenverkehrseinrichtungen geboten wird."

- Die ***Höhe der Kurtaxe*** beträgt:

	Hauptsaison*	***übrige Zeit***	***pro Jahr***
- Erw. (ab 18 J.)	2,60 €	1,40 €	72,80 €
- 1. Kind (ab 12 Jahren, darunter frei)	0,70 €	0,30 €	19,60 €
- ab 2. Kind	–	–	–
- Schüler, Azubis, Studenten	0,70 €	0,30 €	19,60 €
- Tagesgäste**	1,30 €	1,30 €	–

*) 15.5.-30.9.

**) An- und Abreise am selben Tag.

Kassierung der Kurtaxe

Während die öffentlich alimentierten Kurgäste mit dieser Regelung sehr zufrieden sind und sich etwa wie Goethe 1814 äußern, dass eine Kuranstalt „mehr zur Zerstreuung und Hoffnung als zu eigentlicher Heilung" dienen mag – „doch das ist ja auch schon was" –, mosern diejenigen Inselbesucher, die nur die Nordsee erleben wollen, erbost dagegen an. Das einmalige deutsche Kurtaxsystem hat auf den deutschen Nordseeinseln immer wieder für böses Blut gesorgt, und Borkum bildet insofern keine Ausnahme. Hier kam es sogar zum Extrem. Bis 1994 waren die ***Gastgeber*** der Insel nämlich mit der ***undankbaren Aufgabe*** betraut gewesen, für das Inkasso zu sorgen und das Geld der Kurverwaltung abzuliefern. In dieser Funktion mussten die Wirtsleute in vollem Umfang den ***Volkszorn*** der zur Ader gelassenen Gäste abwettern. Und der war schwer. 1995 hatten die Vermieter die vielen unerfreulichen Szenen endgültig satt, und es kam zur ***kollektiven Weigerung,*** die Kurtaxe weiter einzutreiben.

Typisch Borkum: Rad und Kleinbahn

Längere Zeit musste die Taxe dann von den Gästen selbst auf einer ***Zahlstelle*** entrichtet werden. Sie, die gekommen waren, um das Strandleben zu genießen, waren nunmehr gehalten, sich in einem zugigen Warteraum in langen Schlangen aufzureihen und ihre kostbare Zeit zu vergeuden. Wenig Wunder, dass sich dieses Mal geballter Volkszorn über die geduckten Häupter des Inkassopersonals ergoss, dass es sogar zu Tätlichkeiten kam.

Da es so kaum weitergehen konnte, wurde diese Praxis aufgegeben. Jetzt sind die Vermieter wieder an der Reihe und dürfen sich den Unflat anhören. Sie haben nun die Abgabe einzutreiben und stellen dazu eine ***Kurkarte*** aus. Mit der darf man gratis in die Kurhalle, ins Kurmittel- und Kinderspielhaus, und im Wellenbad gibt's einen Nachlass. Auch klingt die Kurmusik bestimmt lieblicher im Ohr, wenn man dafür bezahlt hat – was allerdings zu beweisen wäre.

Die Nordsee

Die Lage Borkums

Um 1250

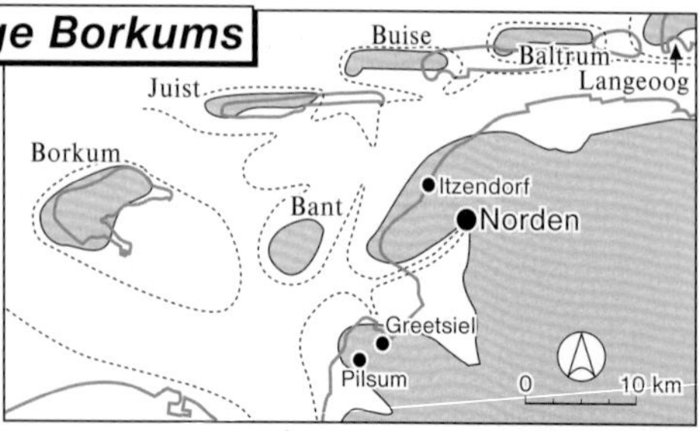

Um 1400

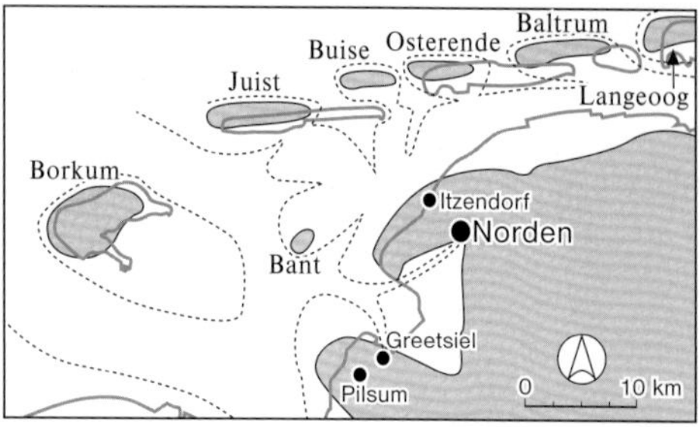

Um 1650

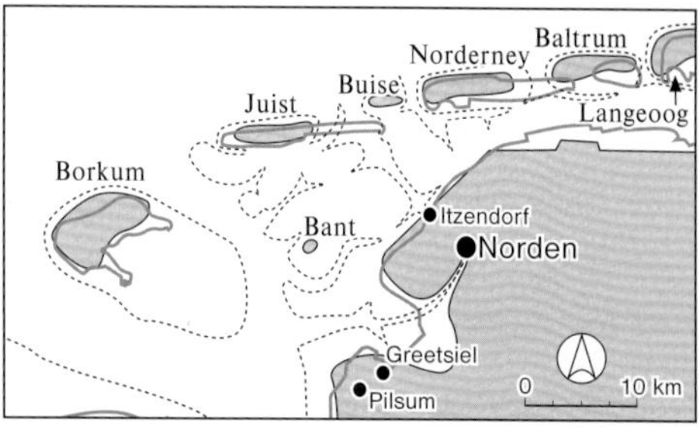

Um 1700

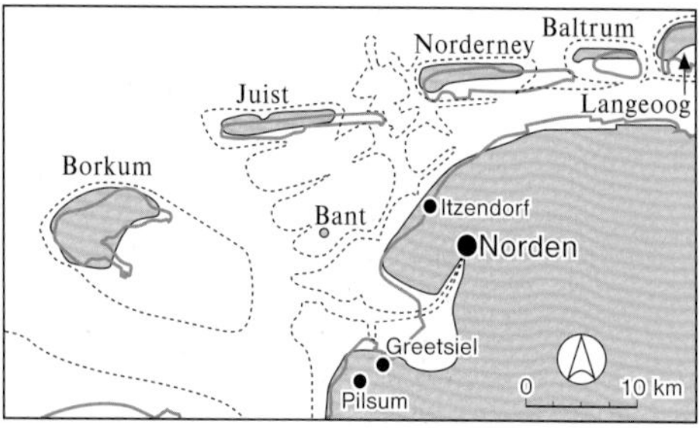

Land und Meer

Eiszeiten

Was war zuerst da, Borkum oder die Nordsee? Genausogut könnte man die klassische Frage nach dem Ei und dem Huhn stellen. Sicher ist, dass die ostfriesischen Inseln (im Gegensatz zu ihren nordfriesischen Schwestern) nicht Überreste eines in der See versunkenen alten Festlandes sind, obwohl diese These noch bis in die dreißiger Jahre des 20. Jahrhunderts Gültigkeit besaß. Zwar herrschte um 10 000 vor Christus, als sich das ***Eis*** aus dem Nordseeraum zurückzuziehen begann, noch bis in den Bereich der mittig in der Nordsee gelegenen Doggerbank festes Land vor. 2000 Jahre später war weiterhin viel Wasser durch Eis gebunden, und der Spiegel der Nordsee lag etwa 35 Meter tiefer als heute. Doch dann wurde es wärmer, und der ***Meeresspiegel begann zu steigen.*** In den ersten 3000 Jahren stieg er besonders schnell; um etwa 25 Meter kletterte der Pegel in dieser Zeit. Am Ende dieser Phase entstanden in groben Rastern die ***Konturen der jetzigen Küstenlinie,*** namentlich Strandwälle, aus denen sich bald Dünengürtel entwickelten, und nachgelagerte Wattflächen, das Ganze erheblich weiter seewärts als heute.

Entstehung der ostfriesischen Inseln

Das ***Meer stieg weiter,*** jetzt jedoch langsamer und auf eine seltsam pulsierende Weise mit wiederholten Vorstößen und Rückschritten. Vor 4000 Jahren war die Nordsee ungefähr vier Meter niedriger als heute, und auf spätestens diesen Zeitpunkt wird die Entstehung der ostfriesischen Inseln datiert. Der ***alte Strandsaum und der Dünengürtel*** bewegten sich etwa im gleichen Tempo wie das steigende Meer in Richtung auf das Festland und blieben schließlich, als kein weiterer Anstieg mehr stattfand, auf dem Fleck stehen. Anschließende Sturmfluten schlugen darauf ***Breschen in diesen schütteren Wall,*** und er zerfiel in einzelne Eilande – bessere

Feuerschiff: Das Licht hat ausgeschienen

Sandbänke zunächst, die ***allmählich zu Dünen-inseln*** anwuchsen.

Borkum war der größte Brocken, und das ist die Insel, obwohl sie seit damals gewaltig an Substanz verloren hat, im Bereich Ostfriesland heute immer noch; 36 km^2 misst sie.

Lage-stabilität Borkums

Auch blieb Borkum trotz ständiger Konturveränderungen und einiger Neigung, nach Südosten abzudriften, sehr positionsstabil. Dieses Beharrungsvermögen ist insofern bemerkenswert, als die ***sechs insularen Schwestern*** zum Teil stattliche ***Ostwanderungen*** tätigten, mitunter um die eigene Länge.

Doch angesichts eines unaufhörlich weiter ansteigenden Meeresspiegels und womöglich größerer Wind- und Brandungsenergien muss einiges getan werden, um diesen Status quo zu halten. Uferbefestigungen und Sandaufspülungen für viele Millionen Euro, die aus ganz anderen Schatullen kommen als das bisschen Kurtaxe, sollen die Insel Borkum ***am Davontreiben hindern*** - einiges mehr dazu später im Buch. Der Kurgast braucht sich bis auf weiteres jedoch keine Sorge zu machen, samt insularem Untersatz jäh ins Schwimmen zu geraten. Eine ganze Schar von zumeist unsichtbaren Organen hält verlässlich über Borkums Gestade Wacht und wird schon Alarm schlagen, wenn der Anker zu schleifen beginnt.

Wind und Wetter

Auf Statistiken sei in diesem Kapitel schon mal ganz verzichtet. Wollte man den mit über 100 mm Niederschlag außerordentlich „nassen" Januar 1995 als maßgeblich ansetzen, musste man ein Jahr später lediglich ein Zehntel davon zugrundelegen. Der Januar 1996 brachte es nicht einmal auf 10 mm. Einer Serie prächtiger Sommer folgten 2000 und 2005 zwei nicht so berauschende; dafür war 2003 bombig. Und so weiter.

Westwindtrift Der Nordseebereich liegt in einer ***Zone wechselhaften Wetters,*** der so genannten Westwindtrift. Daran ändert auch der Treibhauseffekt nichts; Erwärmung zieht nur noch mehr Launenhaftigkeit der Wettergötter nach sich. Und Abwechslung haben wir in unseren Breiten bereits übergenug; der handwarme Golfstrom sorgt dafür. Überall in seinem Verlauf steigt erhitzte Luft auf, die durch die Erdrotation in drehende Bewegung versetzt wird: ***Tiefdruckgebiete*** entstehen. Sie kullern, bildlich gesprochen, auf dem Rücken des mächtigen Azorenhochs nach Nordeuropa hinüber, und manche erreichen erst hier ihre volle Kraft und lassen sie an uns aus. Die ***Stürme*** der Nordsee haben immer wieder die Küstengeographie verändert, und sie nagen auch weiterhin spürbar an Deichen und Inseln. Die Menschen können sich besser als zuvor gegen sie wehren, aber aufhalten können sie sie nicht.

Wetterabfolge Die Sequenz ist seit Ewigkeiten dieselbe. Da sich der Wind (auf der Nordhalbkugel) um ein Tief grob gesehen gegen den Uhrzeigersinn dreht, manifestiert sich ein ***heranrauschendes Tiefdruckgebiet*** mit Winden, die in der Regel zwischen Süd und Südwest liegen. Man kann auf der Insel ganz forsch den Meteorologen spielen, wenn man bei Wind aus jener Ecke eine baldige Wetterverschlechterung voraussagt. Die stellt sich dann auch verlässlich ein. Mit Regen, einem Windsprung auf West und später, nach Schauern, einem weiteren auf Nordwest oder Nord. Es wird sodann kälter, die Niederschläge lassen nach, und es klart auf. Das Barometer steigt – obwohl man zur Prophezeiung dieser Abläufe eigentlich gar keines braucht.

Passende Kleidung Da nach der geschilderten Abfolge der ***Wind in raschem Wechsel*** einmal aus dem molligen Süden und als nächstes aus dem arktischen Norden weht, und das zumeist ziemlich kräftig, ist man immer gut beraten, diesen Verhältnissen an-

Windstärke 8

gepasste, d.h. vor allem winddichte Kleidung mitzuführen. Und da zwischendurch ***heftige Niederschläge*** prasseln können, empfiehlt sich auch die Mitnahme eines „Friesennerzes", wie die Regenmäntel an der Küste genannt werden.

Unbeständigkeit

In den letzten Jahren, namentlich 2003, hat sich des öfteren eine Konstellation ergeben, bei der sich ein ***dickes „Sommerhoch"*** über der Nordsee aufbaute. Die Tiefdruckgebiete mussten sich alsdann unter diesem Brocken vorbeiquetschen, wobei sie dem Mittelmeerraum zeitweilig verheerende Wetterlagen bescherten. Nun - das soll dem Nordseegast egal sein. Leider lassen sich solche Szenarien, die manchmal schon als Zeichen eines globalen Klimawechsels eingeordnet werden, aber nicht von einem Jahr zum anderen verlässlich voraussagen. Ein winziger Wirbel im Bereich der Bermudas braucht nur einen falschen Tanzschritt zu machen - und schon muss die Großwetterkarte völlig neu gezeichnet werden.

Doch das Schöne an Nordseewind und -wetter ist ja der ***ständige Wechsel,*** der keine Langeweile aufkommen lässt und den „atlantischen Menschen" auf Trab hält. Das hat der Schriftsteller *Hans Leip* gesagt, und das unterstreichen jene, die schon seit Jahren unentwegt an die Küste reisen - „Wiederholungstäter", jede Menge.

● ***Buchtipp:*** Wissenswertes rund um das Thema Urlaubswetter findet sich auch in dem Praxis-Titel ***Sonne, Wind und Reisewetter*** von *F. Vogel,* erschienen im Reise Know-How Verlag.

Die Nordsee

Sturm und Wellen

Im Folgenden werden die Windstärken nach der Beaufort-Skala (1-12) aufgelistet mit den jeweils charakteristischen Bewegungen der See.

Bft*	***km/h***	***Wind***	***Zustand der See***
0	< 1	Stille	Spiegelglatt
1	1-5	Leiser Zug	Leicht gekräuselt
2	6-11	Schwache Brise	Kleine, kurze Wellen mit glasigen Kämmen.
3	12-19	Leichte Brise	Kämme beginnen zu brechen; mitunter treten kleine, weiße Schaumköpfe auf.
4	20-28	Mäßige Brise	Wellen werden länger und Schaumköpfe häufiger.
5	29-38	Frische Brise	Wellen mäßiger Höhe, aber schon von ausgeprägter langer Form. Überall weiße Schaumköpfe, vereinzelt etwas Gischt.
6	39-49	Starker Wind	Wellen bauen sich auf; Kämme brechen und hinterlassen größere weiße Schaumflächen; etwas Gischt.
7	50-61	Steifer Wind	Die See beginnt sich zu türmen. Der weiße Schaum der Brecher legt sich in Streifen zur Windrichtung.
8	62-74	Stürmischer Wind	Mäßig hohe Wellenberge mit langen Kämmen. Gischt beginnt abzuwehen und die Luft zu füllen. Ausgeprägte Schaumstreifen in Windrichtung.
9	75-88	Sturm	Hohe, „rollende“ Wellenberge mit dichten Schaumstreifen in Windrichtung. Beginnende Sichtbeeinträchtigung durch Gischt.
10	89-102	Schwerer Sturm	Sehr hohe Wellenberge mit langen, überbrechenden Kämmen. Schweres, stoßartiges Rollen der See. Sichtbeeinträchtigung durch Gischt.
11	103-117	Orkanartiger Sturm	Außergewöhnlich hohe Wellenberge. Durch Gischt herabgesetzte Sicht.
12	118-133	Orkan	Luft mit Schaum und Gischt angefüllt. See völlig weiß. Jede Fernsicht hört auf.

*) Beaufort-Skala

Ebbe und Flut

Begriffe Zunächst muss klargestellt werden, dass die Wörtchen Ebbe und Flut im Vokabular der Küsten- und Inselbewohner überhaupt nicht vorkommen. Man nennt den ersteren Vorgang dort ***ablaufend Wasser*** und den anderen ***auflaufend Wasser.*** Wenn der Ablaufprozess an seinem tiefsten Punkt angelangt ist, haben wir ***Niedrigwasser.*** Dann setzt eine Zeitlang, während der sich gar nichts bewegt, ***Stauwasser*** ein. Danach „kippt (oder kentert) die Tide“, und jetzt verläuft das Ganze umgekehrt, bis ***Hochwasser*** erreicht wird. Ist letzteres besonders hoch, spricht man von einer ***Springtide,*** ist das Gegenteil der Fall, handelt es sich um eine ***Nipptide.*** Eine ganz schön komplizierte Angelegenheit also.

Gezeiten anderswo Als zweites gilt es festzuhalten, dass es Gezeiten („Tiden“ im Küstendeutsch) ***keineswegs nur an der Nordsee*** gibt, sondern auf der ganzen Welt, hier stärker, dort schwächer ausgeprägt. Dieser Hinweis erfolgt aus gegebener Veranlassung. Viele Menschen glauben nämlich allen Ernstes, nur die Nordsee sei mit Ebbe und Flut gesegnet. Schuld daran sind wahrscheinlich Lesebuchtexte, nach denen sich frühe Nordseebesucher aus Rom und Griechenland über das ungewohnte Atmen des Meeres sehr wunderten. Das ***Mittelmeer*** ist in der Tat annähernd gezeitenfrei. Anderswo „atmet“ die See aber umso gewaltiger, z.B. der ***Atlantik:*** Bis zu 16 m an der amerikanischen Nordostküste, 14 m im englischen Bristol, 13 m im französischen St. Malo. Auch die ***Ozeane jenseits des Atlantiks*** sind selbstverständlich nicht von diesen Vorgängen ausgenommen.

Tidenhub Die Nordsee hat ironischerweise nicht einmal eigene Gezeiten aufzuweisen; ganz einfach, weil sie im globalen Maßstab zu klein ist. Fachleute sprechen von ***Mitschwingtiden*** des Atlantischen Ozeans, die den Nordseeraum sozusagen am Rande berühren und ***deren Hub*** in der Regel ***eher moderat*** ist: Auf Borkum beträgt er maximal 2,40 Meter.

Dieses Maß kann sich erheblich vergrößern, wenn ein Sturm hinter die Tide fasst und das Wasser sozusagen zu einem Berg aufhäuft. An der Nordsee spricht man von einer schweren ***Sturmflut,*** wenn das normale Hochwasser um 2,30 bis 3,00 Meter überschritten wird, was durchaus nicht selten ist. Ganz generell sollte man sich aber immer vor Augen halten, dass man auch in zweieinhalb Metern Wasser ohne weiteres ertrinken kann.

Entstehung der Gezeiten

Nicht nur die antiken Nordseetouristen, auch viele andere Menschen machten sich seit altersher Gedanken um das Entstehen dieses Naturphänomens. Seeungeheuer, Feuerschlünde, Meeresgötter, Erdadern - alles das musste als Erklärung herhalten. Von derlei ***mystischem Denken*** kam man in Europa erst im 18. Jahrhundert ab. An den Küsten glaubte man noch bis weit in die Neuzeit, dass bei Flut männliche und bei Ebbe (klar!) weibliche Kinder empfangen würden, dass es vielversprechend sei, Hühnern bei Niedrigwasser die Eier unterzulegen, und weiteren derartigen Tühnkram. Im Gegensatz dazu waren unter Arabern, Chinesen, Indern oder den größten Seefahrern aller Zeiten, den Polynesiern, bereits ***Erkenntnisse über die natürlichen Zusammenhänge*** verbreitet, von denen die Schulweisheit in Europa noch nicht einmal zu träumen begonnen hatte. Der hiesige Wegbereiter für die neuen Erkenntnisse war *Isaac Newton.* Heute weiß man, dass Erde, Mond und Sonne im Wechselspiel von Schwer-, Flieh- und Rotationskräften die Tiden bewirken.

Tidekalender

Anhand des so genannten Tidekalenders bzw. einer Gezeitentabelle, die man auf Borkum ***an mehreren Stellen einsehen*** kann - Verkehrsbüro, Kurverwaltung, Häfen, Badestrände sowie auch im Inselmagazin „Borkum(er)leben“ und auf dem Infokanal „Borkum TV“ (s.u.) – lässt sich ein Einblick verschaffen. Diese ***Vorausberechnungen*** sind nötig, weil die Tiden sich nicht ständig zur selben Zeit wiederholen, sondern pro Tag um etwa 50 Minuten versetzt sind. Von einem Hoch- zum nächsten Niedrigwasser ergibt sich zweimal am Tag mithin eine ***Verschiebung von je 25 Minuten;*** eine Tide (oder Gezeit) dauert also 6 Stunden und 12½ Minuten. Der Grund für diese unrunde Arithmetik ist, dass der Mond nicht in 30, sondern in 28 Tagen um die Erde kreist.

Es handelt sich hierbei keineswegs nur um ein interessantes Rechenexempel. Wer, wie auch immer, mit dem Wasser zu tun hat, ***sollte mit Ebbe und Flut vertraut sein.*** Und sei es, um trockenen Fußes von einer Wattwanderung zurückkehren zu können …

Gefahren beim Baden

Überwachung der Badegäste

Früher, um die Wende ins 20. Jahrhundert, wurde ein Schwimmer, der sich nicht den Anordnungen des Bademeisters fügte, mit Brachialgewalt aus dem Wasser befördert und des Borkumer Strandes verwiesen. Darüber wird nachher noch etwas nachzulesen sein. Heute ist man nicht mehr so grob. Aber dem Badegast wird immer noch ein gewisses Maß an Unbedarftheit unterstellt, und er wird weiterhin scharf überwacht. Erstens weil viele Inselbesucher ***mit den Gefahren der See unvertraut*** sind, und zweitens weil ein verunglückter Wasserfreund eine schlechte Presse abgäbe. In Deutschland ist es nämlich üblich, in solchen Fällen stets die ***Schuld*** bei den Verwaltungen und „Überwachungsorganen“ zu suchen, und nicht bei einem leichtsinnigen Schwimmer oder unachtsamen Elternteil. Viele Menschen würden den Strand wohl am liebsten mit Verkehrsampeln ausgestattet sehen.

3 Grad minus, Nebel – und die Flut läuft auf

Wie schnell Leichtsinn und Unwissenheit in die Katastrophe führen können, zeigt der nachstehende Bericht aus den Annalen der Deutschen Gesellschaft zur Rettung Schiffbrüchiger:

Der letzte Dienstag im Dezember ist ein grauer, kalter, unfreundlicher Tag. Starker Nebel liegt über dem Watt von Borkum, der ostfriesischen Insel im Westen, die auch um diese Jahreszeit als Urlaubsziel ihre Vorteile bietet: klare, saubere Luft und Hochseeklima, gerade drei Stunden vom Festland entfernt.

Heinrich und *Helga K.* aus dem schwäbischen Kornwestheim haben sich vormittags auf den Weg gemacht, um eine Prise Meeresluft zu schnuppern. Über die lange Strandpromenade führt sie ihr Weg in Höhe des Kurhauses hinunter an den um diese Jahreszeit verwehten, graugelben Strand und weiter an die Wattkante. Die bunten Strandkörbe sind längst im Winterquartier und nur wenige Spaziergänger unterwegs. Das Ehepaar hat den Weg Richtung Seehundsplate angetreten – eine großflächige Untiefe, die weitläufig trockenfällt. Bei auflaufendem Wasser, also wenn die Flut ihren Höchststand erreicht, überspült die Nordsee die Plate. Heute vormittag ist das Wasser bei Ebbe weit abgelaufen. Ein Priel wird von den „Spaziergängern auf dem Meeresgrund" umlaufen, und sie erreichen das Hohe Riff, das normalerweise nicht betreten werden darf: Seehundschutzgebiet. Für 14.12 Uhr ist Hochwasser angesagt. Wer dann noch trockenen Fußes zurückgehen will, muss einen ganz bestimmten Weg kennen. Und den wissen eigentlich nur die Einheimischen …

Szenenwechsel: kurz vor 13.00 Uhr. Liegeplatz des Seenotkreuzers *Alfried Krupp* im Schutzhafen von Borkum. Der Mittagstisch ist gerade abgebackt worden. In der Kombüse klimpern Bestecke und Teller – Abwasch. Auf UKW läuft ein Funkspruch auf: „Wattwanderer am Hohen Riff vom Wasser eingeschlossen. Von Land aus keine Hilfe möglich."

Glücklicherweise waren die beiden Wattwanderer beobachtet worden, wie sie sich immer weiter von der Promenade entfernten und vom Nebel verschluckt wurden. Auf die weite Entfernung konnten sie nur noch schemenhaft mit dem Fernglas ausgemacht werden. Alarm für die Inselfeuerwehr. Vergeblicher Einsatz: Das Wasser kommt schon zu hoch aufgelaufen. „Da kommen wir nicht mehr ran. Ruf die Retter!"

„Retter" – das ist an der Küste und auf den Inseln die kurze und einprägsame Bezeichnung für die Seenotkreuzer und Seenotrettungsboote – und auch für die Männer, die an Bord rund um die Uhr ihren Dienst tun. Die „Retter" sind im Anmarsch. Durch das Hubertgat prescht der Seenotkreuzer, erreicht nach knapp 20 Minuten das Revier am Hohen Riff.

„Tochterboot raus!" Die 7,50 Meter lange *Glückauf* mit gerade 75 Zentimetern Tiefgang ist in ihrem Element. Umsichtig manövrieren die beiden Rettungsmänner das Tochterboot an die Wattkante, wo ihnen das Paar entgegenkommt. Völlig durchnässt, zitternd vor Kälte. Kein Wunder: Lufttemperatur minus drei Grad. Wassertemperatur drei Grad. Ein frischer Wind aus Südost.

Minuten später wird das Tochterboot vom Kreuzer aufgeslipt. *Heinrich* und *Helga K.* werden an Bord der *Alfried Krupp* versorgt. Mit trockener Kleidung und einem guten ostfriesischen Tee mit Kluntjes. Viel Worte gibt es in dieser Situation nicht. Der Seenotkreuzer läuft zurück zum Liegeplatz, wo die Wasserschutzpolizei für alles Weitere sorgt, unter anderem für den Transport in das Inselkrankenhaus, wo die beiden Urlaubsgäste auf Unterkühlungserscheinungen untersucht werden.

Als *Heinrich* und *Helga K.* von Bord der *Alfried Krupp* gehen, spüren die Seenotretter, was in den Köpfen der beiden vor sich geht: „...wenn die uns nicht da rausgeholt hätten ...“

Gezeitenströmungen

Dem Ertrunkenen hilft die Klärung der „Schuldfrage“ allerdings auch nichts mehr. Der Badegast hat von vornherein bessere Karten, wenn er – oder sie – in der Lage ist, mit etwaigen Gefahren selber fertig zu werden bzw. durch Kenntnis der örtlichen Verhältnisse gar nicht erst in diese zu geraten. Dazu gehört, wie eben ausgeführt, das Wissen um die Gezeiten. Vor allem ***bei ablaufendem Wasser*** setzen an Borkum ganz ***beachtliche Strömungen*** vorbei. Gerät man erst einmal in deren Sog, hilft auch kein Gegenanschwimmen; man wird mitgetragen und landet unter Umständen auf der offenen See. Dort sind selbst an einem warmen Sommertag die ***Aussichten auf ein Überleben*** sehr kurz: 6-12 Stunden, wenn's hoch kommt.

Etwas länger hält man auf einer ***Luftmatratze*** oder einem ***Gummibötchen*** durch, doch die erste kalte Nacht wahrscheinlich schon nicht mehr. Man vermeide deshalb, sich mit solchen Objekten am Strand zu vergnügen. Bei ablandigem Wind segeln sie auf und davon; nächste Stationen sind dann Helgoland oder Sylt. In einem extremen Fall trieben 1978 zwei Seeleute, die sich am Hohen Riff an einem Wrack zu schaffen machten, mit ihrem Schlauchboot vier Tage lang auf der nebligen Nordsee, bis man sie vor Amrum fand.

Brandungsbaden

Gefahren drohen ***schwachen Schwimmern*** auch beim Brandungsbaden. Weniger in der ganz alltäglichen Brandung von höchstens einem Meter Höhe, sondern beim Versuch, richtige „Klopper" zu bewältigen, wie der Seemann sie nennt. In allen touristischen Badeorten der Welt sind dabei ***immer wieder Unfälle*** zu verzeichnen. Der Hauptgrund dafür ist, dass die ***Mischzone von Wasser und Luft*** im Brandungsbereich geringere Tragkraft als blasenfreies Wasser besitzt. Selbst gute Schwimmer können hier in Bedrängnis geraten. Zum Brandungsschwimmen gehört eine ganz bestimmte Technik, und die hat halt nicht jeder drauf.

An den bewachten Stränden verkündet ein ***roter Ball am Signalmast,*** dass jetzt nur noch unter Aufsicht gebadet werden darf; bei ***zwei Bällen*** überhaupt nicht mehr. (Das mag alles etwas dramatisch klingen, aber gerade Borkums Badestrände sind ausgesprochen sicher. Das Nordbad vor der Stadt ist überdies so flach, dass es sich besonders gut für Kinder eignet).

Wadenkrampf

Eine Gefahr, die dem Schwimmer an *jedem* Strand der Welt ins Haus steht, ist ein Wadenkrampf. ***Abhilfe:*** In Rückenlage das Bein ausstrecken, durchdrücken und die große Zehe hinaufziehen, und man ist den Krampf los. Am besten ein paarmal den Ernstfall üben, bevor er eintritt.

Quallen

Ziepende Quallen sind in der Nordsee ***rar.*** Außerdem ist man durch eine Schicht Sonnenschutzmittel sehr gut vor ihnen geschützt. Wie „liebe" und „weniger liebe" Quallen aussehen, muss man nicht wissen, denn im Wasser nützt einem solche Kenntnis herzlich wenig.

Kommt es dennoch einmal zu einer schmerzlichen Begegnung, verlasse man das Wasser umgehend. ***Keine Panik,*** man stirbt nicht daran. Etwaig anhaftende Tentakelreste am Strand mit spitzem Finger entfernen; *nicht* mit Sand oder Handtuch abreiben. Ausgezeichnete Abhilfe schafft Essig; ein Fläschchen im Strandgepäck kann nicht schaden, ansonsten findet man hoffentlich eines bei der Strandwache. Auch Urin lindert; keine falsche Scham.

Unterkühlung

Wer sich so lange im kalten Wasser aufgehalten hat, dass die Lippen blau anlaufen und die Zähne klappern, sollte ***dick eingepackt*** werden und sich möglichst ***bald unter eine heiße Dusche*** begeben. Warmlaufen und -turnen lassen nur weitere Wärmekalorien verloren gehen. Ganz ***besonders gefährlich*** ist das ***Einflößen von Alkohol*** in diesem Stadium. Das wohlige „warme“ Gefühl im Magen teilt sich dem Rest des Körpers nämlich nicht mit. Im Gegenteil: Alkohol erweitert die Hautporen und führt zu rapider Verflüchtigung restlicher Wärme, macht mithin alles noch schlimmer. Um sich von innen her aufzuwärmen, trinke man am besten einen brühheißen Ostfriesentee.

● ***Buchtipp:*** Weitere nützliche Informationen finden sich in den im Reise Know-How Verlag erschienen Praxis-Ratgebern ***Sicherheit im und auf dem Meer*** von *Matthias Faermann* und ***Wandern im Watt*** vom Autor dieses Urlaubshandbuchs.

Gesunde Luft - auch zu Kaisers Zeiten

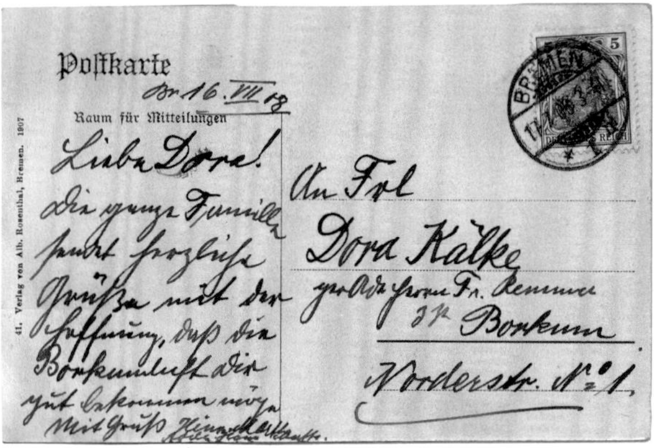

Meer und Gesundheit

Frühe Erkenntnisse

Schon der olle ***Asklepios,*** seines Zeichens griechischer Gott der Heilkunde, empfahl Bäder in der See zur Wundbehandlung. ***Hippokrates,*** der mit dem Eid, gab diese Empfehlung ebenfalls für Arthritis, Ischias, Kopfschmerz, Migräne und Schuppenflechte. Die ***Römer*** führten warme Bäder ein, die von den Germanen als Symbole der Verweichlichung prompt plattgemacht wurden. Bei der Gelegenheit schaffte man das Freibaden in deutschen Landen wenig später gleich ganz ab, bis es gegen Ende des 18. Jahrhunderts dann sozusagen wiederentdeckt wurde. Ein einziger Deutscher, der Göttinger Physikprofessor ***Georg Christoph Lichtenberg,*** war es im wesentlichen, der das tollkühne Baden im Meer 1793 anregte. Drei Jahre später sah der Berliner ***Arzt Christoph Wilhelm Hufeland*** darin bereits einen Teil der „Kunst, das menschliche Leben zu verlängern", und nach und nach entwickelte sich eine regelrechte Industrie daraus.

Kein Allheilmittel

Schenkte man den ***Versprechungen mancher Prospekte*** Glauben, führe man heute mit seinem - jedwedem! - Gebrechen an die See und wäre morgen gesund. Die vielen unentbehrlichen Elemente allein! Das Meer ist so voll davon wie das menschliche Blut ... Allerdings, mit Ausnahme des Kochsalzes, in verzweifelt extremer Verdünnung. Wer an Eisenmangel leidet - um ein Beispiel zu nennen - müsste die halbe Nordsee leertrinken, um seine Defizite auszugleichen; eine Fischmahlzeit tut's auf angenehmere Weise.

Wirkungskomplexe

Die Vielzahl der Bade-, Kur- und sonstigen Ärzte ist ein Hinweis darauf, dass die Nordsee kein Wunderelixier darstellt, dass man auch an Meer und Strand nicht ohne die Medizinmänner auskommt. Sogar die Borkumer selber sind, im Vertrauen, durchaus auf sie angewiesen.

Die wirklich gesundheitfördernde Ingredienz am Meeressaum ist zweifellos ein Zusammenspiel von mehreren Wirkungskomplexen. Dazu gehören die gelöste ***Ferienstimmung,*** die liebe ***Sonne*** (s.u.), die ***körperliche Beanspruchung*** und nicht zuletzt die hochgelobte ***frische Luft.*** Bei deren Inhalation sollte man sich mal Gedanken machen, welchen Beitrag man in vergleichendem Maßstab persönlich zu (oder gegen) deren Frischhaltung geleistet hat.

Saubere Luft

Klare, abgas- und pollenfreie Seeluft - das ist die Medizin, die vor allem ***Allergiker*** von ihren Leiden kuriert oder diese zumindest lindert. 15 Millionen Allergiker gibt es womöglich in der Bundesrepublik - 20 Prozent der Bevölkerung! Es handelt sich um Menschen, die auf ***Schadstoffe in der Luft,*** gleich ob natürlich oder menschengemacht, mit Reizungen und diversen Erkrankungen reagieren. Diese Patienten sind an der See bestens aufgehoben, namentlich auf Borkum, das weit genug von Festland entfernt liegt, als dass man die niederländischen Gülledünste oder die Aushauchungen der Emder Petrochemie noch wahrnehmen würde. Nachdenken sollte man jedoch einmal, ***weshalb es so viele Umweltgeschädigte gibt.*** Könnte an unserer ganzen Lebensart etwas falsch sein? Doktern wir nur an Symptomen herum, ohne die Ursachen überhaupt zu berühren? Angesichts der nackten Zahlen wird deutlich, wie sehr wir selber kranken, wenn die Umwelt krankt. Darüber helfen auch dicke Brieftaschen, glänzende Automobile und hundert TV-Kanäle nicht hinweg.

Reizklima

Wenn andere Gebrechen bei einem Inselaufenthalt schwinden, so ist dies zumeist einer erfreulichen ***Erstarkung des Immunsystems*** zu verdanken und sozusagen ein Bonus. Vielfach muss man sich jedoch ***zunächst mit einer Erkältung*** herumschlagen. Vor allem Kindern steht die laufende Nase fast immer ins Haus. Das ist eine ganz normale Reaktion des Körpers auf die veränderten Verhältnisse und das „rauere" Klima. Nach drei, vier Tagen ist man damit durch, sofern man die Sache nicht chronisch verschlimmert, indem man sich zu massiv Sturm und Regen aussetzt. Und dann beginnt, wenn alles gut geht, die geldwerte Kur.

Das Sonnenlicht

Wenn man an den Strand fährt, so ist es in den meisten Fällen der lieben Sonne wegen. Gewiss, man kann auch bei sonnenlosem Wind und Wetter Inselferien machen. Aber mehr Spaß bereitet es schon, wenn der Himmel lacht und nicht weint.

Positive Aspekte

Wenden wir uns zunächst den positiven Aspekten unseres Zentralgestirns zu. Angenehm ist vor allem die allgemeine ***Anregung des motorischen Systems,*** die das Sonnenlicht bewirkt. Endlich mal gerät die Hormonproduktion so richtig in Schwung, mit beglückend zunehmender Appetit-, Energie- und Libidoentfaltung. Der Schlaf, mit dem es zuvor vielleicht haperte, wird einer der gerechtesten.

Außerdem erzeugt das ultraviolette Licht im Körper ***Vitamin D.*** Das schützt gegen Rachitis, wie man immer wieder lesen kann. Aber daran leidet in unseren Breiten ohnehin kaum jemand. Wichtiger zu wissen ist sicherlich, dass Vitamin D einen Beitrag zur Bewahrung vor Brust- und Dickdarmkrebs liefert, Leiden, die in Sonnenländern fast unbekannt sind. Weiterhin sorgt das Sonnenlicht über die Reduzierung der so genannten Sulfhydrilkörper in der Haut für die Stabilisierung der Vitamine A, B2, C, D und E, von denen die ***Leistungsfähigkeit des Menschen*** abhängt.

Für die ***Haut*** ist das Licht überhaupt gut, so als wirksames Mittel gegen die Schuppenflechte, an der Millionen von Menschen kranken. Auf indirektem Wege baut es im menschlichen Organismus zudem ***Melatonin*** ab, das man in jüngster

Zeit mit allerlei Wundern in Verbindung gebracht hat. Weniger wundervoll ist, dass Melatonin Schläfrigkeit, Melancholie und schlechte Laune erzeugt, womöglich auch die Entstehung von Krebs begünstigt, weshalb man den Stoff vielleicht lieber loswerden sollte. Und zwar zugunsten von ***Gonatropin,*** das vom selben Organ (der Zirbeldrüse) durch Sonneneinwirkung produziert wird und für *gute* Laune zuständig ist.

Risiken

Auf der Rückseite dieser langen Liste wünschenswerter Eigenschaften stehen diverse Sollposten. Die Sonnenstrahlung hat in den letzten Jahren wegen der ***Ausdünnung des Ozonschildes*** stark an Kraft gewonnen. Im Nordseeraum kann zwar keineswegs von einem „Ozonloch" die Rede sein, das sich als Verlust von mehr als der Hälfte der Schutzhülle definiert. UV-reiches Sonnenlicht gibt es jedoch mehr denn je. Es lässt die ***Haut altern,*** und kein kosmetisches Mittel kriegt sie wieder jung. Wer Sonnenbraun liebt, wird sich langfristig an die verwelkte Form gewöhnen müssen. Schon ein schlichter ***Sonnenbrand,*** elementarster der, so das Fachwort, „akuten Lichtschäden", bewirkt innerhalb von drei Tagen eine Alterung der Haut um ein halbes Jahr.

Schutzfaktor XXL

Doch diese Bratapfelproduktion geht lediglich auf Kosten der Schönheit. Ernster wird es schon, wenn Basaliome und Spinaliome, ***solarinduzierte Hautkrebsarten*** entstehen. Zwar sind diese beiden Typen wegen ausbleibender Metastasierung bei rechtzeitiger Erkennung fast hundertprozentig heilbar. Endgültig zu Ende ist der Sonnenspaß mit dem ***malignen Melanom,*** einem bösartigen Hauttumor, dessen Auftreten sich seit den dreißiger Jahren etwa verzehnfacht hat und der immer häufiger wird. In Deutschland erkranken jährlich rund 100.000 Menschen daran, Tendenz steigend. Die Aussichten auf Heilbarkeit des MM, wie der Krebs im Medizinerjargon heißt, sind nicht besonders gut.

Namentlich ***junge Menschen*** sind stark ***melanomgefährdet.*** Ihre Haut ist dünner und lässt die schädliche Strahlung bereitwilliger durch. Keineswegs kommt es nach einer kräftigen Exponierung zu einem sofortigen Ausbruch. Stattdessen wird sozusagen der Keim gepflanzt. Schäden am Erbgut der Hautzellen führen womöglich erst nach Jahren, Jahrzehnten vielleicht, zur Bildung eines hässlichen dunklen Mals, das alsbald metastasiert und spätestens dann wenig Aussicht auf Heilbarkeit hat.

Der beste ***Schutz gegen das MM*** ist eine vorsichtig konditionierte Haut. Auch bei Empfindlichen entwickelt sich mit der Zeit genügend Pigment, um eine Anzahl von Schutzfunktionen vornehmen zu können. Dieses Ziel erreicht man aber nicht, indem man sich, dick mit Sonnenschutzfaktor 15 bestrichen, in die pralle Sonne packt.

Schutzmaßnahmen

Die ***Gewöhnung der Haut*** sollte man nach dem Rat von Medizinern behutsam angehen lassen. Vornehmlich in den ersten Tagen ist zu empfehlen, sich nur vor 11 und nach 15 Uhr in der Sonne zu tummeln. Am frühen Vor- und späten Nachmittag ist die Strahlung der schädlichsten UV-Variante nämlich wegen des längeren Weges durch die Erdatmosphäre entscheidend geschwächt.

Die restliche Zeit sollte man möglichst im ***Schatten*** verbringen. Schatten ist überhaupt das beste prophylaktische Mittel. Ein bedeckter Himmel reicht allerdings nicht; er lässt immer noch bis zu 80% der UV-Strahlung durch.

Gute Dienste tut ein ***breitrandiger Hut*** nach Art der Mexikaner, bessere ein ***Sonnenschirm.*** Der hat den Schutzfaktor XXL und sollte, da er gleichermaßen gegen den Regen schützt, eigentlich immer im Inselgepäck stecken. Man lasse die Leute lästern; wer sich einmal ein MM eingehandelt hat, grinst nicht mehr.

Sonnenbrand

Kommt es zu einem Sonnenbrand, halte man sich dem heißen Gestirn endgültig fern. Auch die so genannten ***Sonnenschutzmittel*** bewirken dann nichts mehr. Generell sollte man einen Arzt nicht mit diesem Allerweltsproblem belästigen; er kann kaum mehr tun als man selber. Gut ist zunächst ein kühles, aber nicht zu kaltes Duschbad. Ein Aufstreichen von ***reizlosen Ölen*** (Olivenöl) oder milden Salben (Nivea) wirkt lindernd. Sind bereits Blasen vorhanden, empfiehlt es sich, die Blasendecke als Schutz gegen Infektionen intakt zu lassen und gegebenenfalls ***feuchtkühle Kompressen*** aufzulegen. Ganz besonders eignet sich grüner Tee für diesen Zweck.

Die Menschen an der Küste

Sicht von außen

Der „Stadtsecretair zu Hannover", *G. Merkel,* besuchte Borkum im Jahre ***1859*** und befand, früher Emanzipist, dass die Insulaner sich träge auf ihren (durch die Seefahrt errungenen) Lorbeeren ausruhten, während die Frauen die ganze Arbeit zu machen hatten. Er gab damit genau jene Haltung wieder, die manche deutschen Touristen in der Dritten Welt heute angesichts im Palmenschatten ruhender Einheimischer vertreten – „faules Pack!" –, nicht wissend oder erkennend, dass eben diese Menschen sich womöglich gerade von schwerster Arbeit erholen, einer Fischfangnacht auf hoher See zum Beispiel. Aber was versteht ein Stadtsecretair schon davon - wenn man dem „Duitsder" (Deutschen, so nannte man ihn dort) *Merkel* auch zugutehalten muss, einiges für das Ingangkommen des Borkumer Fremdenverkehrs getan zu haben.

Typische Eigenschaften

Eine harsche Umwelt, feindselige Elemente und eine karge Subsistenzkultur brachten einen ***eigenwilligen*** Menschenschlag hervor, ***schweigsam,*** Fremdem gegenüber eher ***zugeknöpft*** und, gelinde gesagt, ***sehr sparsam.*** Das Leben an der Küste ließ selten Gelegenheit, sich freizügig zu zeigen, denn man hatte selbst nicht viel. Zwar ist in den Prospekten immer wieder von der friesischen Gastfreundschaft die Rede. Doch damit ist die kommerzielle, also bezahlte Variante gemeint. Ich kann mich nicht erinnern, jemals aus reiner Zuvorkommenheit eine Tasse Tee angeboten erhalten zu haben, es sei denn, ich hatte es mit Ausländern zu tun.

Eigenständigkeit

Die Küsten- und Inselbewohner hielten seit eh und je auf sich. Sie hatten ihr Land im Wortsinn der Nordsee abgerungen - es lag nicht einfach „da" wie anderswo -, und sie ***ließen sich von Außenseitern nicht dreinreden,*** was sie damit anstellen sollten. Den *heiligen Bonifazius,* der das versuchte, machten sie anno 755 im ostfriesischen Dockum zum Märtyrer, und *Karl der Große* arrangierte sich lieber mit ihnen, statt es, wie zuvor die Römer, auf ein wenig aussichtsreiches Tauziehen ankommen zu lassen.

Frühe Demokratie

Bereits im 13. Jahrhundert, als im restlichen Deutschland noch das finsterste Mittelalter regierte, gründeten die Ostfriesen den ***Upstalsboom,*** eine Art Eidgenossenschaft und frühe Form der Demokratie. Lieber tot als Sklave, so das Motto. Dies ist wohl auch der Grund, weshalb sich die Industrialisierung mit ihrem Lohnknechtschaftssystem in Ostfriesland nur sehr

Gold des Nordens

Gibt es auf Borkum eigentlich Bernstein?

Diese Frage hört man des öfteren. Zumindest gibt es keinen Grund, weshalb es Bernstein dort nicht geben *sollte*. Viele Menschen glauben, er werde nur an der ***Ostsee*** gefunden. Richtig ist zwar, dass dort die wohl weltgrößten Lager existieren. Allein zu Kaisers Zeiten wurden in Ostpreußen alljährlich 500 Tonnen von dem Stoff gefördert. Heute buddeln Russen und Polen weiter, vielleicht nicht viel weniger voluminös, aber recht verschwiegen, weil eine Menge Natur dabei kaputtgeht.

Doch Bernstein gibt es auch ***anderswo auf der Welt.*** In den Vereinigten Staaten zum Beispiel, und dort vor allem in Arkansas. In der Domikanischen Republik. *Kolumbus* schenkte damals einem dortigen Häuptling eine Halskette aus dem fossilen Harz, die großes Entzücken erregte. Heute wird Bernstein in den Bergen der Insel Hispaniola en gros ausgegraben.

Und an der ***Nordsee*** findet man ihn ebenfalls. Als der Grundstoff vor durchschnittlich 40 Millionen Jahren von den Stämmen subtropischer Baumriesen herabtropfte und später in glazialem Eis verhärtete, gab es noch keinen Unterschied zwischen Nord- und Ostsee. Wenn er in der Nordsee heute seltener vorkommt, so liegt das lediglich daran, dass die bernsteinführenden Schichten in unserem Zeitalter vielleicht gerade mal unter Sand begraben sind.

Bernstein war in der ***Frühzeit der Küstenbesiedlung*** eine wohlbekannte Kommodität, obgleich ihr Ursprung rätselhaft blieb. Man hielt die goldenen Perlen für verfestigte Sonnenstrahlen oder Göttertränen und sprach ihnen zahlreiche wundertuenden Eigenschaften zu. Sogar römische Gladiatoren traten im Vertrauen auf einen glücklichen Kampfverlauf in bernsteingeschmückten Rüstungen gegeneinander an. Erst *Plinius d. Ä.* ordnete im Jahre 77 nach Christus in seiner „Historia Naturalis" Bernstein als Produkt der Pflanzenwelt ein.

Das tat der ***Beliebtheit*** des Wunderstoffes jedoch keinen Abbruch. In Nordeuropa war Bernstein lange ein gefragtes Handelsprodukt, das im Tausch gegen Eisen, Kupfer und Bronze regen Absatz fand und mit Gold aufgewogen wurde. *Plinius* berichtet, dass eine kleine geschnitzte Bernsteinfigur auf dem Markt mehr wert war als ein Sklave.

Bernstein kommt in allen ***Farben*** vor. Zumeist ist er goldgelb, doch von weiß bis schwarz sind alle Abstufungen vertreten. Eine ganz seltene und somit wertvolle Variante ist blau.

Preissteigernd sind ebenfalls so genannte ***Inklusen,*** das heißt, eingeschlossene Insekten, Spinnen oder Pflanzenteile. Je nach Art und Erhaltung des – man bedenke! – 40 Millionen Jahre alten Organismus kann ein Stück Bernstein erheblich an Wert gewinnen.

Man gebe sich jedoch nicht der Illusion hin, bei ganz gewöhnlichem Bernstein handele es sich um eine große Kostbarkeit. Die ***Bezeichnung***

Wieder beliebt: Bernsteinschmuck

Bernstein kommt vom niederdeutschen *bernen* = „brennen"; die Friesen sagen *glorr* = „Glut" dazu. In der Tat heizten Nordseefischer früher mit dem leicht entflammbaren Stoff ihre Granatkocher.

Auch anderenorts ***verlor*** der Stoff nach seinem eingänglichen Boom ***an Wert.*** Man verarbeitete ihn zwar noch zu Rosenkranzperlen und Pfeifenmundstücken, doch einen Sklaven erhielt man dafür schon bald nicht mehr. Heute gilt Bernstein als Naturschmuck, hübsch und nicht teuer, und wenn man Glück hat, findet man ihn selber ...

Als 1825 zwischen Larrelt und Emden der Deich brach, lagerten sich an den Durchbruchstellen ***große Mengen an Bernstein*** ab. 1842 fand man auf Juist einen Riesenbrocken und vor ein paar Jahren ebenfalls auf Norderney. Vielleicht hat mancher Strandläufer auch auf Borkum schon so ein Trumm in die Tasche gesteckt und ist, besorgt, den Fund irgendwo abliefern zu müssen, schweigend damit abgereist. Dabei braucht man in solchem Fall wirklich keine Angst vor dem Strandvogt zu haben!

Wie findet man Bernstein? Bernstein ist spezifisch leicht, die Kiesel am Strand sind mindestens dreimal schwerer. Man sucht am besten an der Tageshochwasserlinie danach, nicht unten am Spülsaum. Gute Chancen hat man bei ablandigem Wind, weil dann eine Unterströmung entsteht, noch bessere im Winter, wenn das kältere Wasser einen stärkeren Auftrieb bewirkt. Kleine, schwarze wasserdurchtränkte Holzstückchen – so genannte Bernsteinstäbchen – sind ein verlässlicher Indikator, denn sie haben ungefähr die gleiche Dichte. *Happy hunting!*

spät durchsetzte und auf den Inseln mangels Masse schon gar nicht. Die ***stolze und freie Gesinnung*** hält die Insulaner jedoch nicht davon ab, die vielen öffentlichen Millionen für die Küstensicherung und satte Subventionen für die angeblich darbende Fischerei als selbstverständlich zu akzeptieren. Denn - Ihr hörtet wohl schon, Herr, die Friesen rechnen gut.

Doch man kann, sowie das erste Eis gebrochen ist, mit den Küstenmenschen auch glänzend auskommen. Am einfachsten, indem man ihre Sprache spricht. Vielleicht gibt's dann auch mal ein Tässchen Tee ...

Könt ji Platt schnacken?

Sprachenabfolge

Einstmals wurde auf Borkum ***Friesisch*** gesprochen. Doch diese archaische Sprache verschwand schon zu Beginn des 15. Jahrhunderts und machte stattdessen dem ***Niederdeutschen*** Platz. Bald musste aber auch dieses weichen. Seit der Mitte des 16. Jahrhunderts kamen mehrere tausend Glaubensflüchtlinge aus den Niederlanden in die Nordwestecke Deutschlands und verbreiteten dort ihre Sprache. Um 1730 betrug deren Anteil im Zeichen eines ungeahnten kulturellen und wirtschaftlichen Aufschwungs 70 Prozent. Auf Borkum sprach man zu dem Zeitpunkt fast ausschließlich ***Niederländisch,*** und zwar einen altertümlichen Dialekt aus der Groninger Region. Davon ein kleines Exempel:

Ien de loate Middeleeuwen wer't eiland ook ein
Im späten Mittelalter war die Insel auch ein

vestigingsploats veur de handel. Ien 1483 zoll'n de Hamburgers
Umschlagplatz für den Handel. 1483 sollen die Hamburger

d'r spullen rooft hem'm en pakhoezen ien brand stook'n hom'm.
dort Waren geraubt und Lagerhäuser in Brand gesteckt haben.

Hoch- und Plattdeutsch

Dann wurde 1828 per Dekret die ***deutsche Sprache*** eingeführt. Aber zwischen dem Medium, das die Dorfschüler zu lernen hatten, und jenem, das man auf der Insel untereinander sprach, klaffte ein großer Unterschied. Denn das war wiederum das alte ***Nieder- oder Plattdeutsch,*** die Sprache der Küstenbewohner und so ganz anders klingend als das, was man aus den Lesebüchern vorlas.

Borkumer Platt

Auch heute noch wird auf Borkum mit Vorliebe ein ***regionales Platt*** *geschnackt,* eine Sprache, in der weiterhin viel Niederländisches durchklingt und von der die Binnenländer nur einen Bruchteil, falls überhaupt etwas, verstehen. Das sieht dann so aus:

In mien Kinnertied was sömmerdags dat heile Vörhuus
In meiner Kinderzeit war sommertags das ganze Wohnhaus

an Badegasten verhührt. Wi kwammen mitnander upp Böhn,
an Badegäste vermietet. Wir kamen miteinander auf den Boden,

over ein lütje Trappe mit ein hollten Luk.
über eine kleine Treppe mit einer hölzernen Luke.

An ein ende Tou hung en tien Punds Gewicht.
An einem Tauende hing ein Zehnpfundgewicht.

Boven mutt man de Kopp intrekken, so leeg,
Oben musste man den Kopf einziehen, so niedrig,

dat man mit de Hals tau't Dakkfinster rutmutt,
dass man mit dem Hals zum Dachfenster hinausmusste,

wult man sück 'n Hemd over de Kopp strüpen.
wollte man sich ein Hemd über den Kopf streifen.

„Ostfriesische Nationalhymne“

Die nachstehende „Ostfriesische Nationalhymne“ gibt ebenfalls eine ***kleine Vorstellung von der Küstensprache.*** Gedichtet hat sie *Enno Hektor* (1820-74), und man singt sie immer noch, vor allem, wenn man 'n Lütten getankt hat. Auch auf Borkum, denn das gehört ja zu Ostfriesland.

Poeten hätten an *Ennos* Komposition bestimmt das Versmaß zu bemängeln, und Nicht-Ostfriesen (schon in der ersten Strophe) den Wahrheitsgehalt. Aber das ist bei Nationalhymnen ja ganz normal.

In Ostfreesland ist
am besten
Aver Freesland geit
d'r nix,
War sünd woll de
Wichter mojer,
War de Jungse
woll so fix?
In Ostfreesland mag
ick wäsen,
Anners nargens
lever wäsen,
Aver Freesland geit
mi nix,
Aver Freesland geit
d'r nix.
Nargens bleit dat
Saat so moje,
Nargens is de Bur
so riek,
Nargens sünd de
Kojen fetter,
Nargens geit de
Ploog so liek,
Nargens gift so
faste Knaken,
Weet man leckerder
to maken
Botter, Kees un
Karmelkbree,
Botter, Kees un
Karmelkbree!
Nä, 't nargens,
nargens beter,
As war hoch
de Dieken stahn,
War up't Eiland
an de Dünen
Hoch herup de
Bulgen slan.
War so lut de
Nordsee bullert,
War ji könen up
de Dullert
Dreemast-Schepen

In Ostfriesland ist's
am besten,
Über Friesland geht
da nichts,
Wo sind wohl die
Mädchen schöner,
Wo die Jungen wohl
so fix?
In Ostfriesland mag
ich sein,
Nirgends anders
lieber sein,
Über Friesland geht
mir nichts,
Über Friesland geht
da nichts.
Nirgends blüht die
Saat so schön,
Nirgends ist der Bauer
so reich,
Nirgends sind die
Kühe fetter,
Nirgends geht der
Pflug so leicht,
Nirgends gibt's so
feste Knochen,
Weiß man leckerer
zu machen
Butter, Käse und
Buttermilchbrei,
Butter, Käse und
Buttermilchbrei!
Nein, 's ist gar
nirgends besser,
Als wo hoch die
Deiche steh'n,
Wo auf der Insel
an den Dünen
Hoch hinauf die
Wellen schlagen.
Wo so laut die
Nordsee bollert,
Wo ihr könnt wohl auf
dem Dollart
Dreimastschiffe

fahren sehn,	fahren seh'n,
Dreemast-Schepen	Dreimastschiffe
fahren sehn!	fahren seh'n!
War in'd Wagen	Wo im Wagen Torf
Törf un Kienholt	und Brennholz
Wörden halt van't	Wird geholt vom
Hochmoor her,	Hochmoor her,
War de ganze Welt	Wo die ganze Welt
sück lüstig	sich lustig
Makt upt Ihs bit	begibt aufs Eis beim
Eierbeer;	Eierbier;
War se in't Feld	Wo man im Feld
mit Klooten scheten,	mit Kugeln schießt,
War se Book-	Wo man Buchweizen-
weitschubbers eten,	pfannkuchen isst,
Harm up Freersfoten	Harm auf Freiers-
geit,	füßen geht,
Harm up Freersfoten	Harm auf Freiers-
geit!	füßen geht!
Vör Ostfreesland,	Für Ostfriesland,
vör Ostfreesland	für Ostfriesland
Lat ick Bloot un	Lass ich Blut und
Leven gärn!	Leben gern!
Weer ick man weer	Wär' ich nur wieder in
in Ostfreesland,	Ostfriesland,
War so mennig söte	Wo so viele süße
Deern!	Mädchen (sind)!
In de Frömde wünsk	In der Fremde
ick faken,	wünsch' ich oft,
Kun'k doch Moders	könnt' ich doch
Breepott smaken,	Mutters Breitopf
	schmecken,
Seek doch wär in	Säß' ich doch wieder
d' Hörn bi't Für,	in der Ecke beim Feuer,
Seek doch wär in	Säß' ich doch wieder
d' Hörn bi't Für!	in der Ecke beim Feuer!

Nordseelied Die Ostfriesenhymne wird manchmal mit dem Nordseelied verwechselt, das da beginnt: „Wor de Nordseewellen trecken an de Strand ...". Es ist fester Bestandteil von ***Shantyaufführungen und Heimatabenden an der Küste.*** Paradoxerweise hat dieses (fälschlich) auch als „Friesenhymne" bekannte maritime Rührstück ursprünglich gar nichts mit der Nordsee zu tun, noch ist es einem friesischen Dichter zu verdanken. Für den ***Text*** zeichnet eine Journalistin namens *Martha Müller-Grähler* verantwortlich, die 1876 im mecklenburgischen Barth geboren wurde und im zementierten Berlin offenbar Nostalgie nach der heimatlichen Ostsee verspürte. Unter dem Titel *Mine Heimat* erschien er erstmalig im Jahre 1907 als Gedicht, welches begann: „War de blauen Wellen ..." Die Zeilen erregten das Interesse des Flensburger Arbeiter-Männergesangvereins, der sich ihrer ***Vertonung*** annahm. Das geschah ausgerechnet in der Schweiz, weil sich der Dirigent des FAM gerade dort aufhielt, und ganz legal war die Sache auch nicht, denn die Flensburger hatten wohl noch nie das Wort Copyright gehört. So ging der Fall dann vor Gericht, welches (1937) salomonisch urteilte: Textrechte für die Müllerin, Musikrechte für die Flensburger.

Lesen auf Platt

Lernwillige können jetzt mittels ***„Asterix und Obelix"*** „Platt" studieren, denn die beiden Helden sind seit einiger Zeit auch auf Küstendeutsch vertreten. Da kann man sich auf unterhaltsame Art schon mal ein wenig auf den Tonfall einstimmen.

● ***Buchtipp: Plattdüütsch – das echte Norddeutsch,*** *H. und H.-J. Fründt,* Reise Know-How Verlag, Reihe Kauderwelsch, Bd. 120 (begleitendes Tonmaterial erhältlich).

Korrekte Grußformel

Auf elementarster Ebene sollte man zumindest die korrekte Grußformel meistern, um „Schlag" bei den Einheimischen zu haben. Typisch für den ganzen deutschen Nordseeraum ist, dass man ***„Moin" (oder „Moin, moin")*** sagt – und das zu jeder Tageszeit. Uneingeweihte Küstenbesucher fühlen sich durch diesen Gruß, zumal wenn er am späten Abend entboten wird, nicht selten sichtbar verschaukelt. Sie grüßen dann ganz spitz zurück: Guten Abend, Mahlzeit, was immer. Dabei hat *Moin* mit dem Morgen überhaupt nichts zu tun. Es entstammt dem Niederdeutschen und ***bedeutet*** nichts anderes als ***„schön" oder „gut"*** (siehe Nationalhymne). Es wird einem dieserart alles Schöne und Gute gewünscht, und damit sollte man, denke ich, nun wirklich keinen Hader haben.

„Moin" in Bern

Übrigens gibt es noch einen weiteren Ort auf der Welt, wo man ebenfalls *Moin* sagt. Es handelt sich um das schweizerische Bern. Sprachforscher mutmaßen, dass ***Katastrophenflüchtlinge von den friesischen Küsten*** das Brauchtum im 14. Jh. dort eingebürgert hatten. Zu dem Zeitpunkt wurde in Bern nämlich gewaltig gebaut, und Leute, die mit Schiffen umgehen konnten, waren sehr gefragt. Im Berner „Mattendialekt" blieb das *Moin* untergründig erhalten und erfuhr in jüngster Zeit sogar neue Belebung, vor allem bei der Jugend. Es gibt also gottlob auch anderswo, nicht nur in Ostfriesland, *moje Wichter* („schöne Mädchen").

Essen und Trinken an der Küste

Essen

Wenig Abwechslung

Für überzogenes Raffinement ist die Küstenküche nicht bekannt. Von den ***Borkumer Grönlandfahrern*** sind einige Einblicke in das damalige gastronomische Kunsthandwerk überliefert, die nicht zu Nachahmungen verlocken. Hülsenfrüchte und Graupen gab es durchweg, dazu eingesalzenes Schweinefleisch, Punkt. Den ***Walfängern*** gelang es nicht einmal, das wahrhaftig tonnenweise anfallende frische Fleisch ihrer Beute für die eigene Ernährung heranzuziehen. *Wat de Buur nich kennt, dat freet he nich ...* Als ich in den sechziger Jahren des 20. Jahrhunderts unter der Emder Flagge zur See fuhr, galt diese verkorkste Maxime immer noch, und dicker Erbspapp am Äquator war ganz normale Praxis.

Einfach und gesund

Auf der Ostfrieseninsel Borkum hatte man mit Teller-Ikebana nie etwas im Sinn gehabt. Man verpflegte sich einfach und ***weitgehend fleischlos;*** ein heutiger Diätist hätte seine Freude an der damaligen Küche mit ihrem Schrotbrot, Schafskäse, den Kartoffeln und Gerstenmehlknödeln in Buttermilch gehabt. Die ersten Kurgäste waren jedoch weniger begeistert. „Es ist rathsam, für

Frühstück und Abendbrot in Emden sich namentlich mit Schinken und Nagelholz, sowie mit Colonialwaren zu versorgen und zu verproviantieren", empfahl einer.

Heutiges Angebot

Heute ist das kulinarische Angebot riesengroß, und man versteht auch, die ***Früchte des Meeres*** durchaus fein zuzubereiten - es muss ja nicht gerade Wal sein. Leider gibt es die im 19. Jahrhundert an der Küste viel gerühmten ***„Borkumer Austern" nicht mehr.*** Industriedreck dürfte ihnen den Garaus gemacht haben.

Granat

Aber eine wahre Nordsee- und mithin auch Borkumer ***Spezialität*** ist erhalten geblieben: Granat. So nennen sich zwischen Ems und Weser die ***Garnelen,*** die von speziellen Krabbenkuttern tonnenweise gefangen und noch an Bord in Seewasser gekocht werden. Wenn man Glück hat, kann man schon im Hafen eine Portion essfertiger Krabbeltiere kaufen, sonst im Fischgeschäft. Den Kopf abdrehen - Kenner saugen ihn aus -, den Panzer etwas lüften und Druck auf den Schwanz, und schon tritt der köstliche Wurm zutage. Übung macht den Meister! Man kann auch „gepuhlte" (geschälte) Garnelen kaufen. Bei denen ist der „Auswickelvorgang" zumeist in Polen oder sogar Marokko (!) vorgenommen worden, was sich im Preis niederschlägt. Außerdem dürften sie nicht mehr so ganz taufrisch sein.

Feines Nordseeprodukt: Granat

Matjes

„Frisch" ist bestimmt auch nicht das passende Wort für Matjes, eine weitere deichnahe Delikatesse. Matjes sind ***junge (rohe!) Heringe,*** die acht Wochen lang in einer Salzlake die richtige Reife annehmen, um anschließend den Ehrentitel „Kaviar der Nordsee" zu tragen. Ein Großteil der Fische kommt aus Emden, Hochburg der Verarbeitung. Im ***Sommer*** (Juni) sind Matjes am besten, doch kontrollierte Reifungssteuerungen machen die salzige Köstlichkeit rund um den Kalender verfügbar. Richtige Matjes-Kenner packen den Fisch am Schwanz und lassen ihn ohne viel Kauaufwand die Kehle hinuntergleiten. Im Restaurant macht man das aber nicht, zumal Beilagen wie Pellkartoffeln, Zwiebelringe und saure Sahne dabei hinderlich wären.

Noch mehr Fisch

Fisch überhaupt zählt zu Borkums starken Seiten. Mal die ***Kutterscholle*** probieren, vorzugsweise im Mai. Selbstversorger sollten in den Fischgeschäften, die stets gut bestückt sind, ein wenig „stöbern". Und mal dies versuchen: Fisch (gleich welcher Art) in wenig Öl braten oder (in Alufolie) backen, mit an den Strand nehmen und kalt verzehren. Mit den Fingern! Fischessende Völker schwören darauf, dass frisches Seafood nur *à la main* („aus der Hand") schmeckt.

Trinken

Alkohol

Und was *trinkt* man an der Küste? Weniger Alkohol, als immer gemutmaßt wird, schon weil der Stoff nur scheinbar wärmt und einen, wenn es wirklich kalt ist, letztlich gewaltig schlottern lässt. Das (aber nicht nur) erkannten auch wohl die ostfriesischen Pastoren und bewog sie, im 17. Jahrhundert nach einer Alternative für den Suff zu suchen. Dabei kamen sie auf Tee.

Tee

Tee (landessprachlich *Täi)* kippen sich die Ostfriesen seither mit einer ***wahren Besessenheit*** kannenweise hinein – bis zu sechsmal am Tag macht man zwischen Ems und Jade Teepause.

Das „Stövje" hält den Tee warm

Dem üblichen ***Zeremoniell*** wird sich selbst der kaffeeliebende Inselbesucher nicht entziehen können, denn es ist Teil des Teekultes. Ein rechter Ostfriese zieht Regenwasser jedem anderen Nass vor, verwendet ein Stövje (Teewärmer) und spezielle Tassen. In selbigen knistert brauner Kandiszucker, und die Teesahne sorgt für einen wolkigen Effekt. Der Gastgeber erkennt dann auch gleich, dass er es mit garstigen Kulturbanausen zu tun hat, wenn seine Gegenüber die Sahne *umrühren.* Denn ein solches Tun kommt im Ostfriesischen gleich nach Mord und Brandstiftung.

Tee beruhigt die Magennerven und baut über B-Vitamine Stresslasten ab, ist mithin ein recht gesunder Stoff. Andererseits beeinflusst seine Gerbsäure sehr ungünstig die so genannte Bioverfügbarkeit des Elements Eisen. Aber man muss Tee ja nicht unbedingt eimerweise trinken.

Borkumer Wasser

Ein Wort zum Borkumer Wasser. Es entstammt zwei natürlichen Reservoirs (Waterdelle und Ostlanddünen) und ist von ***ausgezeichneter Trinkqualität.*** Bei geringen Niederschlägen und starkem Verbrauch kann jedoch Salzwasser nachsickern, und dann ist's vorbei mit dem guten Geschmack. Die Gemeinde Borkum bittet ihre Gäste deshalb um selbstauferlegte ***Sparsamkeit.***

Das Westkaap heute

Wichtige Adressen

- ***PLZ:*** 26757 (plus mehrere Postfach-PLZ).
- ***Vorwahl:*** 04922.

- ***Kurverwaltung:*** Goethestr. 1, Zentrale Tel. 93 30, Fax 48 00, Büroöffnungszeiten: Mo-Fr 8.30-12 Uhr, in der HS auch Sa 9-12 Uhr.
- ***Tourist-Information:*** Am Georg-Schütte-Platz 5, Zimmervermittlung/Info Tel. 93 31 12, Fax 93 31 04+1 12, 1 19. Büroöffnungszeiten: Mo-Sa 9.30-17.30 Uhr, im Winter nur bis Fr.
- ***Inselverein:*** Ist die Zimmervermittlung stark belastet, kann man sich auch an den Inselverein wenden, Tel. 8 84. Dort erhält man zu gleichen Konditionen Quartiere zugewiesen.
- ***Internet:*** www.borkum.de
- ***E-Mail:*** kurverwaltung@borkum.de
- ***Kurhaus,*** Adresse s. Tourist-Information

Veranstaltungsbüro	93 31 15
Kinderspielhaus	93 32 94
Prospektanfragen	93 33 17
Kartenvorverkauf/ Abendkasse	93 33 26
● ***Kurmittelhaus***	
Bademeisterei	93 32 98
Anmeldung/Kasse	93 33 30
● ***Polizei***	
- Notruf (münzfrei)	110
- Wache*	9 18 60
● ***Krankenwagen***	91 92 22
● ***Krankenhaus***	Gartenstr. 22b, Tel. 93 00 15
● ***Bahnauskunft***	1 18 61 (gebührenpfl.) 30 90 (vor Ort)
● ***Flugauskunft***	04921 - 8 99 20 *(OLT Emden)*
● ***Schiffsauskunft***	01805 - 01 12 11 (Service-Center, gebührenpfl.)

*) Die Polizeiwache liegt halblinks vom Bahnhof, nur ein paar Schritte.

Ärzte

Praktische Ärzte

- ***Abdulkader Ali***
  Facharzt für Innere Medizin
  Leitender Arzt, Krankenhaus Borkum
  Gartenstr. 20, Tel. 93 00 12
  Mo-Fr 9-12, Di und Do 16-18 Uhr

●***Dr. med. Klaus Brockötter***
Hindenburgstr. 4, Tel. 9 39 20
Mo-Fr 9-12 und (außer Mi) 15-17.30 Uhr
●***Dr. med. Monika Harms***
Fachärztin für Allgemeinmedizin, Allergologie und Chirotherapie, Gemeinschaftspraxis mit ...
●***Dr. med. Volker Callenberg***
Facharzt für Innere Medizin
Bismarckstr. 13, Tel. 9 30 30
Mo-Fr 9-12, Mo-Di 15-17 und Do 16-20 Uhr
●***Dr. med. B. Aeikens und H. Lueken***
Urologen
Süderstr. 45, Tel. 9 32 29 19
●***Dr. med. Helmer Zühlke***
Hindenburgstr. 7, Tel. 5 55
Mo-Fr 9-12 und (außer Mi) 15-17 Uhr
●Zahlreiche ***Spezialisten*** in den Kliniken

Zahnärzte

●***Dr. Karl Biel***
Reedestr. 18, Tel. 33 13
Mo-Fr 8-12 und (außer Mi) 15-18 Uhr
●***Dr. Hans-Jürgen Dein***
Kiebitzdelle-Dörlop 12-14, Tel. 99 09 65

Einkaufen

Versorgungsengpässe gibt es auf Borkum nicht. Auf engem Raum findet man ***alles, was man zum täglichen Leben braucht:*** Kaufmannsläden, Bäckereien, Fleischereien, Fischgeschäfte, kleine Supermärkte und vieles mehr. Die ***Einzelhandelspreise*** sind etwas höher als auf dem Festland, schon weil alles per Schiff angekarrt werden muss; horrend sind sie aber nicht. Nur einige Dinge, die *nicht* unbedingt zum täglichen Leben gehören, sind auf Borkum zum Teil merkbar teurer. Wer ein wenig mit spitzem Bleistift rechnen muss, sollte sich vielleicht Filme, Kosmetika und Ersatzkleidung vom Festland mitbringen. Achtung: 95% der Geschäfte akzeptieren nur Bargeld!

Erhebliche Abstufungen lassen sich auch bei der ***Freundlichkeit der Bedienung*** beobachten. Die im Sommer tätigen Saisonaushilfen sind durchweg am zuvorkommendsten, die im Wortsinn Alteingesessenen dagegen manchmal unangenehm burschikos. Tatsache ist, dass sich *sämtliches* Verkaufspersonal beim höchsten saisonellen Andrang auch jede Menge Frechheiten von der lieben Kundschaft anhören muss. Das ist jedoch kein Anlass, selber permanent muffelig zu sein. Wenn man angemuffelt wird, wechsle man das Geschäft; es gibt auf Borkum genügend Alternativen.

Manche Typen, ***Oldtimer*** vor allem, sind rechte Bullerballer. Dafür muss man Verständnis haben und sich eins grinsen. Denn hinter diesen unzufriedenen Menschen verbergen sich des öfteren Seefahrer, Kapitäne und Schiffsingenieure sogar, die jetzt einen Landjob haben und als Fahrkartenknipser, Autoeinweiser und Fahrradflicker den guten alten Tagen an Bord nachtrauern. Das macht dann, versteht sich, 'n büschen grummelig.

Natürlich möchte man von seinem Inselabenteuer auch ein schönes ***Souvenir*** mit nach Hause bringen. Dafür gibt es auf Borkum manches Schreckenskabinett. Wie wär's mit einer echten Tigerkauri vom Nordseestrand? Einem

Buddelschiffe en gros

Flaschenschiff, gebaut von Walfänger *Jan Meeuws?* Einem Kapitänsbild, gepinselt von einem Borkumer Schipper? Einer Messinglampe, von einem richtigen Wrack? Ach, noch vieles, vieles mehr. Nur dass die Kauri aus Indien kommt, auf Borkum gibt es keine Tropenmuscheln. Das Flaschenschiff ist auf den Philippinen entstanden, wo eine ganze Industrie, deutsch gemanagt, die Microships baut. Und das Kapitänsbild, täuschend gut auf echt gemacht, kommt wahrscheinlich aus derselben Ecke. Die Lampe stammt aus Pakistan, tatsächlich vielleicht von einer Abwrackwerft. Das sollte aber nicht vom Kauf abhalten. Dieserart wird etwas Geld in Weltgegenden geschwemmt, die es am meisten nötig haben.

● ***Ladenöffnungszeiten:*** Mo-Fr 9-12.30 und 15-18, Sa 9-12.30 Uhr. In der HS haben zahlreiche Geschäfte bis spät abends geöffnet, und auch an Sonntagen ist alles in vollem Gang.

Fortbewegung

Auto

Am eigenen Automobil hat man auf Borkum, wie schon an früherer Stelle vermerkt, wenig Freude. Da es ohnehin ***nur als Gepäckwagen benutzt*** wird - wie schmachvoll für die schöne Karosse! -, täte man gut daran, es zu Hause zu lassen. Muss man die saubere Inselluft unbedingt verpesten? (Was - das eigene Auto stinkt nicht? Mal nur ein paar Minütchen bei geschlossener Garagentür den Motor laufen lassen, um da zu anderen Einsichten zu gelangen ...) Im Sommer kann man nur umherkutschieren, wenn man in der Lage gewesen ist, das Mobil außerhalb des autofreien Stadtkerns zu ***parken.*** Dabei bedenke man, dass auf fast allen öffentlichen Straßen Parkverbot besteht. Parkplätze finden sich am Anleger, Am langen Wasser (teilweise gebührenpflichtig), Ankerstraße, FKK-Strand, Oppermanns Pad, Upholmstraße.

Von März bis Oktober gilt annähernd im gesamten Ortsbereich ***Tempo 30.***

Benzin ist auf Borkum einige Prozentpunkte teurer als auf dem Festland.

Empfehlenswert mitzunehmen: ***Starterkabel.*** Die Borkumer Praxis hat gezeigt, dass die Kraftwagen nach langem Stillstand wegen leerer Batterien oft keine Kraft mehr haben. Notfalls muss man anschieben.

Taxi

● ***Taxibestellung:*** Tel. 10 01.

Bahn

Die ***Borkumer Kleinbahn*** bedient ab Inselbahnhof (unmittelbar am Neuen Leuchtturm) ganzjährig alle Fähankünfte und -abfahrten. Das putzige, mit Biodiesel betriebene und im Winter beheizte Züglein fährt dann jeweils rechtzeitig ***zu den Fährterminen*** vom „Hauptbahnhof" ab und hält auf dem Weg zum Hafen („Borkum-Reede") nur noch einmal (bei Bedarf) am Jakob-van-Dyken-Weg auf etwa halber Strecke. Gleichermaßen geht die Tour von den frisch angekommenen Fähren zurück in den Ort.

Borkumer Kleinbahn

● Der ***Fahrpreis*** ist im Fährtarif inbegriffen; man braucht dann nur mit dem Ticket zu wedeln, wenn der Schaffner kommt. Eine Fahrt ohne Fähranbindung kostet 1,90 € (Kinder die Hälfte) pro Strecke. In der Saison wird für Extratouren auch eine historische Dampflok vorgespannt; dann kostet's etwas mehr: 5,20 €/2,80 €.

Busse

Ein ***Busverkehrsnetz,*** das fast allen Bedürfnissen gerecht wird, verbindet den Ort mit dem Fährhafen und dem Ostland.

● Die Busse fahren ungefähr im 1½-Stunden-Takt, häufiger bei Andrang, von etwa 7 bis 23 Uhr. ***Fahrpläne*** gibt es im Verkehrsbüro, in den Bussen und auf dem Bahnhof.

Fahrrad-verleih

Man kann sein Fahrrad mit auf die Insel nehmen (Preise: siehe „Anreise") oder dort eines leihen. Achtung: Die Strandpromenade ist für Fahrzeuge aller Art einschließlich Rädern gesperrt! Es gibt nur geringe Unterschiede bei den ***Tarifen*** der Verleiher. Ein repräsentativer Querschnitt:

● ***Fahrrad ohne Schaltung:***		
pro Stunde	pro Tag	pro Woche
um 1,50 €	um 4 €	um 15 €
● ***Fahrrad mit Schaltung:***		
pro Stunde	pro Tag	pro Woche
um 2 €	um 6 €	um 20 €
● ***Fahrrad mit Schaltung und Kindersitz:***		
pro Stunde	pro Tag	pro Woche
um 2,50 €	um 7,50 €	um 23 €
● ***Kinderfahrrad:***		
pro Stunde	pro Tag	pro Woche
um 1,50 €	um 3 €	um 14 €
● ***Go-Carts (4-rädrige Tretmühlen)***		um 6 €

● ***Borkumer Kleinbahn,*** im Bahnhof, Tel. 30 90. Riesiges Angebot von Fahrrädern. Man steigt aus dem Zug und setzt sich aufs Rad, fertig.
● ***Drahtesel,*** Am Georg-Schütte-Platz 19, Tel. 99 01 99.
● ***Familie van Raden,*** Hindenburgstraße (am Parkplatz), Tel. 37 22. In diesem Laden mit den höchst treffend benannten Inhabern ist man besonders kinderfreundlich.
● ***Jan van Gerpen,*** Fauermanspad 5 (am langen Wasser, gegenüber Parkplatz), Tel. 75 44. Sonntags um 11 Uhr geht's mit *Bucki Begemann* auf Radtour (2-2½ Std.).
● ***Zweiradladen Borkum,*** Kaapstr. 1, Tel. 73 53. Dieses Geschäft arrangiert auch tägliche Radtouren: „Durch die Insel", 9 oder 14 Uhr; „Piratentour", 19 Uhr, mit Picknick.

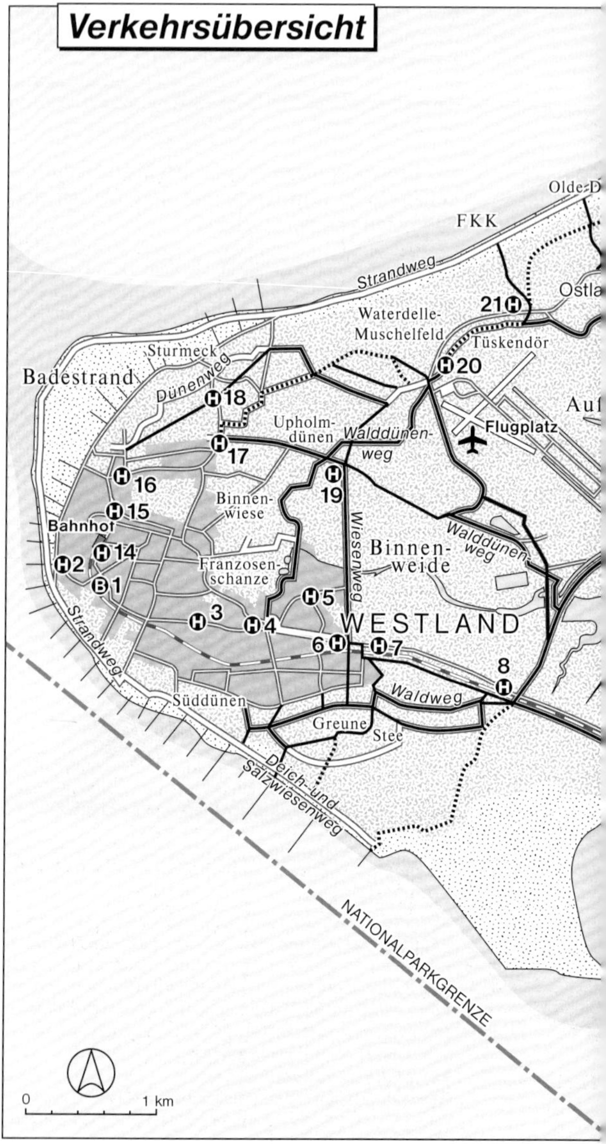
Verkehrsübersicht
Olde-D
FKK
Strandweg
Ostla
21
Waterdelle-
Muschelfeld
Tüskendör
Sturmeck
Badestrand
Dünenweg
18
20
Auf
Upholm-
dünen
Walddünen-
weg
Flugplatz
17
16
19
Binnen-
wiese
15
Wiesenweg
Binnen-
weide
Walddünen-
weg
Bahnhof
14
2
Franzosen-
schanze
1
5
Strandweg
3
4
WESTLAND
6
7
8
Waldweg
Süddünen
Greune
Stee
Deich- und
Salzwiesenweg
NATIONALPARKGRENZE
0
1 km

Bushaltestellen Richtung Hafen:

- Ⓑ 1 Busbahnhof
- Ⓗ 2 Wellenbad
- Ⓗ 3 Berufsschule
- Ⓗ 4 Jakob-van-Dyken-Weg
- Ⓗ 5 Altenwohnungen
- Ⓗ 6 Krummer Blockweg
- Ⓗ 7 Café zur Heide
- Ⓗ 8 Deichscharte
- Ⓗ 9 Wattenmeer
- Ⓗ 10 Wasserschutzpolizei
- Ⓗ 11 Schutzhafen/Yachthafen
- Ⓗ 12 Jugendherberge
- Ⓗ 13 Fährhafen

Bushaltestellen Richtung Ostland:

- Ⓑ 1 Busbahnhof
- Ⓗ 14 Bahnhof
- Ⓗ 15 Kriegerdenkmal
- Ⓗ 16 Kath. Kinderheim
- Ⓗ 17 Campingplatz
- Ⓗ 18 BfA-Klinik
- Ⓗ 19 Abzweigung Geflügelhof
- Ⓗ 20 Flugplatz
- Ⓗ 21 FKK-Strand
- Ⓗ 22 Ostland

——— Wanderwege

········ Unbefestigte Wanderwege

Zu Fuß Wer nach Borkum reist, nur um dort mit dem Auto durch die Gegend zu fahren, sollte sich die Tour eigentlich sparen. Eine Insel wie Borkum ist ***ideal für Wanderungen.*** Sei es entlang des Strandsaums oder auf den markierten Wanderwegen, von denen Borkum so viele besitzt. Siehe Wandern unter „Sport".

Führungen und Rundfahrten

Die Kurverwaltung, die Borkumer Kleinbahn (Bahnhof, Tel. 30 90) und das Inselrundfahrtsbüro *Ebeling* (ggü. vom Busbahnhof, Tel. 16 94 und 49 59), und das Büro *Teichert* (Tel. 34 86) arrangieren folgende Touren, für die rechtzeitige Voranmeldung erbeten wird (genaue Termine und Preise nur auf Anfrage und im aktuellen Aushang):

- ***Ostlandwanderung:*** Tour durch die Dünen und Besuch des kleinen Bauerndorfes (fünf über 200 Jahre alte Höfe); dazu gibt es Erläuterungen zur Geschichte des Ostlandes.
- ***Inselrundfahrt:*** Ca. 2½ Std. im Bus von einem (befahrbaren) Ende zum anderen; mit diversen Instruktionspausen.
- ***Wattwanderung:*** Mit den „staatl. gepr." Wattführern *Albertus Akkermann, „Tüte" Baalmann* oder *Heinrich Poppinga* geht's über 4,5 km 2 Stunden lang durch Sand und Gubbel. Leihstiefel sind erhältlich.

Wattwanderungen sollte man auf keinen Fall auf eigene Faust unternehmen. Zu groß ist die Gefahr, bei aufkommendem Nebel und steigendem Wasser die Orientierung zu verlieren – und nicht immer wissen die Retter von der Exkursion und sind im Notfall zur Stelle. Außerdem können „Selbständige" leicht in die geschützte Ruhezone des Nationalparks geraten, deren Betreten strengstens verboten ist.

- ***Ortsführung*** (Di und Fr): Diese Tour ist die Spezialität von *„Bucki" Begemann,* lustiges Borkumer Original mit weißer Labskausmütze. 2-2½ Stunden lang hagelt's Anekdoten aus der 2000 Jahre alten Inselgeschichte. Auf Wunsch wird die Ortsführung auch von der Herberge der Teilnehmer aus gestartet.
- ***Kutschfahrt*** (tägl. Apr.-Okt.): Ca. 2½ Std. einschl. Kaffeepause. Info: Tourist-Information, Tel. 93 30.

● ***Fahrt zu den Seehundbänken*** (2x/Woche Apr.-Sept.): Mit dem Fischkutter *Eltra* geht's zur Plathje, wo die Touristen schon interessiert erwartet werden, denn es gibt Fischgaben. Die Tour dauert etwa 3 Std.

● ***Krabbenfangfahrt*** (1x/Woche Apr.-Sept.): Auf dem Kutter *Skipper Hinni* oder *Klabautermann* wird in der Fischerbalje die Granatkurre ausgefahren, und alles kann 2½ Std. lang mit anpacken. Außerdem wird vorgeführt, wie man Granat fachgerecht auspuhlt.

● Auf dem Sommerprogramm der Borkumer Kleinbahn stehen außerdem ***Tagesfahrten mit dem Fährschiff*** *Wappen von Borkum* ***nach Juist, Norderney*** und ***rund um die Insel.*** Der Katamaran *Nordlicht* düst auch ***nach Helgoland.*** Außerdem sind mehrstündige ***Abendfahrten auf See*** (mit Tanz) sowie ***Touren nach Greetsiel*** und ***Ameland*** (NL) im Programm.

Fahrt ins Grüne

Gastronomie

Cafés

- ***Café-Restaurant Bauernstube***
  Ostland 3, Tel. 35 04.
  Mittagstisch, Kaffee, Kuchen, Eis, Dickmilch. Geöffnet 10-21 Uhr. Mi Ruhetag.
- ***Café-Restaurant Ostland***
  Ostland 4, Tel. 22 02.
  Ähnlich wie Bauernstube.
- ***Café Deichkrone***
  Deichstr. 47, Tel. 47 94.
  Die ideale Oase für Deichwanderer.
- ***Café Restaurant Kartoffelkäfer***
  Jann-Berghaus-Str. 1, Tel. 99 04 55.
  Beliebte Klause und garantiert ohne Kartoffelkäfer.
- ***Café-Restaurant Kulturinsel***
  Im ehemaligen Kurhaus. Café-Repertoire mit Meeresblick. Es darf auch getanzt werden.
- ***Grand Café Panorama***
  Bürgermeister-Kieviet-Promenade, Tel. 9 32 33 23.
  Kaffee und Kuchen mit Nordseeblick.
- ***Café-Restaurant Treffpunkt***
  Bismarckstr. 32, Tel. 93 23 84.
- ***Upholm-Hof***
  Am alten Deich, Tel. 41 76.
  Café-Restaurant, Imbiss, Biergarten, Brot aus dem Naturofen, Spanferkel. Am Abend Tanztee. Kinderspielplatz.
- Gastronomie im ***Gezeitenland***
  Gezeitenland, Tel. 93 36 00.

„Lukullische Genüsse an interessanten Themen-Buffets, die beweisen, wie attraktiv ausgewogene Ernährung sein kann". Vertreten sind Bistro Titanic, Vita-Bar und Bad-Gastronomie.

Imbisse

● ***AG Ems***
Auf den Fähren dieser Gesellschaft kann man vorzüglich speisen. Nicht ganz billig. Ein „Bordfrühstück" kostet 10 €.

● ***Felsenquelle***
Wilhelm-Bakker-Str. 34, Tel. 16 16.
Rustikale Atmosphäre, Stammtisch. Geöffnet ab 10 Uhr. Kein Ruhetag.

● ***Nordsee-Grill***
Bismarckstr. 26, Tel. 13 07.
„1a Grillhähnchen, dänisches Eis-Paradies". Geöffnet 11-22 (im Winter 21) Uhr. Fr Ruhetag.

Gutbürgerliches

● ***Alt-Borkum***
Gegenüber dem Heimatmuseum, Tel. 20 05.
Gutes, preiswertes und kinderfreundliches Speiselokal.

● ***Austernfischer***
Hindenburgstr. 8 (im Hotel Haus Borkum), Tel. 9 18 40.
Fisch-, Fleisch- und Pfannkuchenspezialitäten; regionale Küche. Geöffnet 11.30-14 und 17.30-22 Uhr. Di Ruhetag.

● ***Bei Werner***
Von-Frese-Str. 2, Tel. 71 86.
Fleisch- und Fischspezialitäten. Geöffnet 11.30-14 und 17.30-22.30 Uhr. Kein Ruhetag.

● ***Gorch Fock***
Strandstr. 41, Tel. 32 29.
Mittag- und Abendkarte; täglich frisches Seafood. Geöffnet mittags; abends bis 21.30 Uhr.

● ***Restaurant Heinemann***
Neue Str. 30a, Tel. 28 00.
Deutsche Küche und lokale Fischspezialitäten.

● ***Störtebeker***
Reedestr. 36, Tel. 37 71 und 37 42.
Traditionsreiches Lokal, Biergarten. Täglich frischer Fisch, Sa deftiger Eintopf „wie bei Muttern". Alle Gerichte auch außer Haus. Partyservice. „Piratengelage" ab 10 Personen, auf Vorbestellung. Geöffnet 11.30-14 Uhr und ab 17.30 Uhr. Kein Ruhetag.

● ***Teehaus***
Süderstr. 22, Tel. 29 65.
Gutbürgerliche und regionale Küche.

● ***Zum Harpunier***
Isdobben 14, Tel. 92 44 33.
Restaurant mit wechselnden Menüs, wird als besonders kinderfreundlich gelobt.

● ***Zum Kaap***
Kaapdelle 10, Tel. 21 40.
Mittags- und Abendtisch. Geöffnet 11.30-14 und 17.30-20.30 Uhr. Di Ruhetag. Betriebspause im Januar.

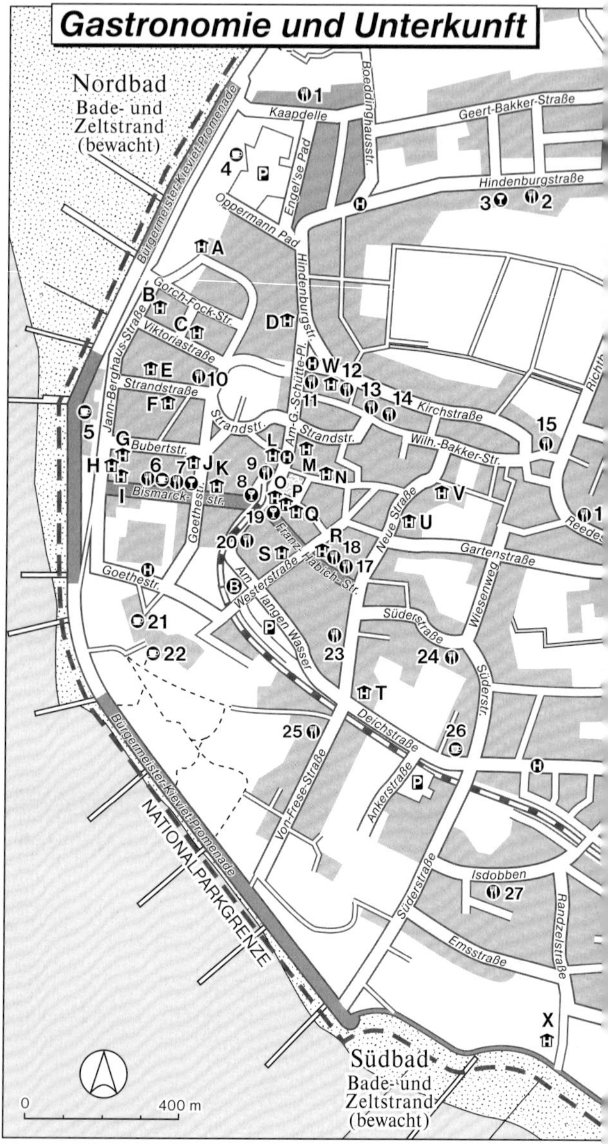
Gastronomie und Unterkunft
Nordbad
Bade- und Zeltstrand (bewacht)
Südbad
Bade- und Zeltstrand (bewacht)
Bürgermeister-Kieviet-Promenade
NATIONALPARKGRENZE
Kaapdelle
Boeddinghausstr.
Geert-Bakker-Straße
Hindenburgstraße
Engel'se Pad
Oppermann Pad
Hindenburgstr.
Gorch-Fock-Str.
Viktoriastraße
Jann-Berghaus-Straße
Strandstraße
Strandstr.
Am-G.-Schütte-Pl.
Kirchstraße
Wilh.-Bakker-Str.
Bubertstr.
Bismarck-Str.
Goethestr.
Franz-Habich-Str.
Am Westerstraße
Am langen Wasser
Neue Straße
Gartenstraße
Wiesenweg
Süderstraße
Süderstr.
Deichstraße
Von-Frese-Straße
Ankerstraße
Isdobben
Randzelstraße
Emsstraße
Reedes
Richth
0
400 m

31
32
Barbaraweg
Insel-
Camping
Upholmstraße
33
Upholmstraße
Ostfriesenstraße
Wilhelm-Feldhoff-Straße
Commandeurstraße
Reedestraße
28
Deichstraße
oogster
Dünen
Reedestraße
29
30
Krummer Blockweg
Jakob-van-Dyken-Weg
Greune-Stee-Weg
Legende auf Seite 75

●Zum Yachthafen
Am Neuen Hafen 2, Tel. 77 73.
Internationale und gutbürgerliche Küche, Mittags- und Abendkarte, täglich frischer Fisch, Kaffee und Kuchen, Ostfriesentee auf Stövchen. Geöffnet 10-22 Uhr. Kein Ruhetag.

Ausländisches

●Akropolis
Bismarckstr. 36, Tel. 93 28 40.
Griechisches Restaurant, im gleichen Haus wie Borkums Chinese.

●China Restaurant Princess Garden
Bismarckstr. 36, Tel. 18 15.
Fernöstliches zu vernünftigen Preisen. Geöffnet täglich von 10 Uhr bis spätabends.

●Pinocchio
Wilhelm-Bakker-Str. 34, Tel. 17 17.
Reichhaltige Speisekarte mit italienischen Spezialitäten; Pizzeria. Kinderfreundlich. Geöffnet 11.30-14.30 und 17.30-23.30 Uhr. Kein Ruhetag.

●Restaurant/Brasserie Stadtschänke Möwe
Franz-Habich-Str. 18, Tel. 22 25.
Deutsch-italienische Küche, Bistro, täglich frischer Fisch. Plus Pizzen, Baguetten, Pasta, Salate. Gerichte auch außer Haus. Geöffnet 10-2 Uhr. Di Ruhetag.

●Rhodos
Franz-Habich-Straße, Tel. 47 69.
Griechische Spezialitäten. Borkums einziges griechisches Restaurant mit der alternativen Küche. Und: „Ist der Hunger noch so groß, gehen wir ins Rhodos" - das ist Werbung!!! Geöffnet täglich bis 24 Uhr. Winterpause.

Gehobenes

●Delfter Stuben und Fischerdorf
Bismarckstr. 6, Tel. 20 11.
Im Hotel Atlantik. Internationale und gutbürgerliche Küche, täglich frisch: Seefische, Muscheln, Krabben. Geöffnet 11-14 und 17-22 Uhr. Kein Ruhetag.

●Fischerkate
Hindenburgstr. 99, Tel. 38 44/31 44.
Fischspezialitäten, Krusten- und Schalentiere frisch vom Fang. Oktober bis März geöffnet 11.30-14 und 17.30-22 Uhr. Mi Ruhetag.

●Hotel Kleine Möwe
Kirchstr. 31, Tel. 21 77.
Spezialitäten: Fisch, Bio-Fleisch, Vollwert-Menüs. Geöffnet 11.30-14 und 17.30-22 Uhr. Kein Ruhetag.

●Spielbank Borkum (s. u.): Wer zwischen Gewinnen und Verlusten einer Stärkung bedarf, bekommt sie direkt vor Ort geliefert. Frühstück 10-12, sonstiges 14-21 Uhr.

●Swarte Evert
Reedestr. 5, Tel. 12 35.

Legende zur Karte „Gastronomie und Unterkunft“

1 Zum Kaap
2 Fischerkate
3 Bierlokal Alibi
4 Grand Café Panorama
5 Café-Rest. Kartoffelkäfer
6 China Restaurant Princess Garden, Akropolis, Café-Rest. Treffpunkt
7 Nordsee-Grill, Pferdestall
8 Seekiste
9 Spielbank Borkum
10 Gorch Fock
11 Austernfischer
12 Hotel Kleine Möwe
13 Felsenquelle
14 Pinocchio
15 Alt-Borkum
16 Swarte Evert
17 Rhodos
18 Restaurant/Brasserie Stadtschänke Möwe
19 Künstlerklause
20 Delfter Stuben und Fischerdorf
21 Gezeitenland
22 Café-Rest. Kulturinsel
23 Restaurant Heinemann
24 Teehaus
25 Bei Werner
26 Café Deichkrone
27 Zum Harpunier
28 Störtebeker
29 AG Ems
30 Zum Yachthafen
31 Café-Rest. Ostland
32 Café-Restaurant Bauernstube
33 Upholm-Hof

A Hotel Miramar
B Strandhotel Hohenzollern
C Seehotel Upstalsboom
D Hotel Haus Borkum
E Hotel Inselhof
F Strandvilla Janine
G Nordsee-Hotel (Ringhotel Borkum)
H Strandhotel Ostfriesenhof
I Strandhotel Vierjahreszeiten, Villa Weststrand
J Aparthotel Kachelot
K Hotel Atlantik
L Hotel Rummeni, Haus Hubertus, Inselhotel Vierjahreszeiten
M Park Hotel
N Windrose
O Villa Ems
P Haus am Park
Q Graf Waldersee
R Huus in't Dörp
S Domizil
T Zum Hanseaten
U Der Insulaner
V Villa Daheim
W Hotel-Restaurant Kleine Möwe
X Strandhotel Najade

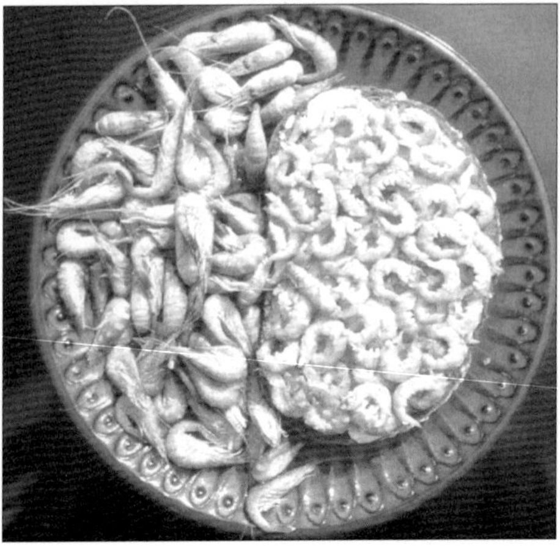

Restaurant der gehobenen Klasse mit ausgesprochener Schlemmerküche. Im Sommer geöffnet 11-14 und 17 Uhr bis in die Puppen; im Winter vormittags geschlossen. Mo Ruhetag.

Kneipen

● ***Bierlokal Alibi***
Hindenburgstr. 97, Tel. 77 32.
Gemütlicher Schuppen.

● ***Künstlerklause***
Franz-Habich-Str. 2.
Bierkneipe und Fußball-TV.

● ***Pferdestall***
Bismarckstr. 20, Tel. 21 69.
Rustikale Kneipe mit netter Atmosphäre und gepflegten Getränken. Geöffnet ab 18 Uhr.

● ***Seekiste***
Bismarckstraße (am Bahnhof), Tel. 45 27.
Gemütliche Bierkneipe. Geöffnet ab 17 Uhr. Kein Ruhetag.

Hunde

Vierbeiner dürfen sich am ***Nord-, Süd- und FKK-Strand*** tummeln. Im Ort, auf der Promenade und im Nationalparkbereich sind Hunde an der Leine zu führen. Im Ort stehen ***Automaten mit*** (kostenlosen) ***Beuteln für die Würstebeseitigung.*** In

Barfußbereichen, wo Hunde besonders gern ihr Ei legen, stellt die Entfernung von Tretminen wohl eine sehr wünschenswerte Dienstleistung gegenüber den Mitmenschen dar.

● Im ***Tierheim*** am Upholmdeich können Fund- und Pensionstiere gegen Bezahlung untergebracht werden. Voranmeldungen täglich zwischen 16.30 und 17.30 Uhr unter Tel. 99 00 84. Dort hält auch ein Tierarzt (Tel. 36 37) Sprechstunden ab, allerdings nur Fr. Termine: Tel. 04941 - 34 48.

● ***Buchtipp:*** Zum Thema ***„Verreisen mit Hund"*** ist im Reise Know-How Verlag der gleichnamige Praxis-Band von *Mark Hofmann* erschienen, mit nützlichen Tipps für den Urlaub mit dem vierbeinigen Freund.

Kinder

Die Gemeinde Borkum tut viel für Kinder. Oder, genauer betrachtet, für deren Eltern, die, verständlich genug, einmal ein paar Stunden Urlaub von ihren Zwergen machen wollen …

Kinderparadies Borkum …

●***Babysitter-Service:*** Unter Tel. 93 32 94 gibt es Informationen zur Sache. Man rechne mit ein paar Euro pro Stunde.

●***Kinderheim:*** siehe „Unterkunft".

●***Kinderkiste:*** In dieser wird Jungvolk im Alter von 3 bis 7 Jahren von Mo-Fr betreut (9-12 Uhr kostenpflichtig). Die Inanspruchnahme der von Fachpersonal geleiteten Einrichtung ist vorrangig Kindern vorbehalten, deren Angehörige Kuranwendungen erhalten. Die Kinderkiste befindet sich in der Spielinsel neben dem Kurhaus (s.u.). Geöffnet: von April bis September.

●***Kinderschwimmen:*** Im Hallenbad unter Bademeisteraufsicht für Kinder ab 6 Jahre; Schwimmkurse für Kinder ab 5 Jahre.

●***Spielinsel:*** Goethestr. 35, Tel. 93 32 94 oder 93 33 12: Eine tolle Möglichkeit für Kinder, besonders bei schlechtem Wetter „überdacht" zu spielen. Geboten werden zahlreiche Spiel- und Turngeräte, es ist viel Platz zum Bauen mit Riesenbausteinen und zum Toben. Außerdem gibt es Tischtennis sowie Lese- und Brettspielräume. Kinder bis 6 Jahre müssen von einem Angehörigen beaufsichtigt werden, größere Kinder haben sich an die Anweisungen des Personals zu halten. Die Nutzung ist kostenlos, mit Ausnahme kleiner Beiträge zu gelegentlichen Mal- und Bastelkursen. Öffnungszeiten: Ganzjährig geöffnet.

●***Kinderspielplätze*** gibt es in der Deich-, Mormelander- und Wilhelm-Feldhoff-Straße sowie in den Kiebitzdelle-Dünen. Am seeseitigen Ende der Goethestraße kann man

… aber nicht überall

Katholische
Kirche

in einem Wasserbecken Modellboote fahren lassen. Der beste Spielplatz, nicht zu vergessen, ist aber immer der Nordseestrand! Auf den verweist die Gemeinde, bestimmt nicht ganz zu Unrecht, wenn die lieben Kleinen mal im beruhigten Stadtgebiet Randale machen.

● ***Kinderveranstaltungen*** finden in den Sommermonaten statt: Konzerte, Kreativkurse, Laternenumzüge, Puppenspiele, Rollerrennen, Wattwanderungen und vieles mehr.

Kirchen

Insularer Kirchgang ist „in"; die Gotteshäuser sind gut ausgelastet - weniger von Einheimischen als ***von Touristen.*** Studien des Phänomens haben gezeigt, dass die Urlauber ihre Sorgen lieber einem fremden Pastor anvertrauen als dem Geistlichen zu Hause. Und die Inselpastoren freuen sich darüber, nicht zuletzt wegen der schönen Kollekten.

Gottesdienste

- ***Ev.-luth. Kirche*** (Goethestr.) So 10 Uhr, an jedem 1. So im Monat auch Hl. Abendmahl.
- ***Ev.-reform. Kirche*** (Rektor-Meyer-Pfad) Sa 19.30 Uhr Wochenschlussandacht, So 10 Uhr Gemeinde- und Kindergottesdienst.
- ***Kath. Kirche*** (Kirchstr.) Sa 16 Uhr Beichte, 19 Uhr Sonntagvorabendmesse, So 10 Uhr Hochamt, 11.30 Uhr Kinder-, 19 Uhr Abendmesse. Di-Fr 19.30 Uhr Abendmesse.
- ***Neuapost. Kirche*** (Reedestr.) Mi 19.30, Sa 9.30 und 17 Uhr.
- Im Sommer finden zudem ***ökumenische Abend-*** (in der ev.-luth. Kirche) ***und Morgengottesdienste*** (am Strand vor der Kurhalle, Nähe Musikpavillon) statt.

Presse und Fernsehen

- ***Borkumer Zeitung und Badezeitung,*** *amtliches Veröffentlichungs-Organ der Stadt Borkum,* ist der langatmige Titel des örtlichen, viermal wöchentlich erscheinenden Blättchens. Ansonsten steht nicht viel drin; für den Urlaub reicht's aber immer.
- ***Borkum(er)leben*** mit dem Veranstaltungsprogramm, Tidekalender und einigen generellen Informationen erscheint zweimonatlich, kostet nichts und ist, was die genannten Auskünfte angeht, recht nützlich. Das Blatt im (unhandlichen) DIN-4-Format löst das praktischer gestaltete Heft *Die Badekarre* ab, welches über 20 Jahre lang die Inselgäste mit Informationen versorgte.
- ***Tageszeitungen und Zeitschriften*** aller Art im Buchhandel. Sehr zu empfehlen ist das *Ostfriesland Magazin:* Informativ zum Thema Region und Inseln, einsatzfreudig auf dem Ökosektor, und gut gestaltet.
- ***Borkum TV*** (8-10 und 18-20 Uhr) ist in den meisten Herbergen der Insel zu empfangen.

Sport

Angeln

In den Küstengewässern der Insel (außer natürlich im Bereich des Nationalparks Wattenmeer und an Badestränden) kann auflagenfrei geangelt werden. Aal, Butt (Scholle), Dorsch, Grundhai, Knurrhahn (Seeteufel) und Makrele sind im Programm.

● Eine spezielle ***Gastkarte*** (zusätzlich zum Sportfischerpass) wird erforderlich, wenn man im Hoppschlot angeln möchte, denn selbiger ist ein privates Vereinsgewässer. Info: Tel. 18 87.

Beach-Volleyball Am Jugend- und Nordbad sowie auch bei der Surf- und Segelschule gibt es Spielfelder, die kostenlos benutzt werden können.

Boule In der Parkanlage beim Verkehrsamt.

Fliegen ***Ökologen*** sind vom Flugverkehr, namentlich der Sportfliegerei, alles andere als begeistert. Nach ihren Erhebungen geraten manche ***Vogelarten*** bereits bei Annäherung eines Flugzeugs auf mehr als 3 km in Panik. Dies geht auf Kosten der Fresszeit und bedeutet, besonders im Winter, Energieverlust, mithin Schwächung. Wenn sich der Flugbetrieb störungsfrei mit diesen Umständen vereinbaren lässt, ist wohl nichts gegen ihn einzuwenden. Auf Borkum führt die Schneise des Flugfeldes aber immerhin mitten durch ein Naturschutzgebiet - bestimmt nicht optimal.

● Der ***Flugplatz Borkum*** ist geöffnet für alle Himmelsrichtungen. 1000 m befestigte Landebahn, Klasse 2, Nachtbefeuerung, Landeplatz bis 6000 kg, Tankanlage. Ganzjährig geöffnet. Flugleitung Tel. 38 48; Flugauskunft und Rundflüge Tel. 04921 - 89 92-0.

● Die ***Flugschule Borkum*** (Tel. 38 38, Fax 43 27) bietet ganzjährig folgende Ausbildungskurse an:
Privatpilot PPL-A
CVFR-Berechtigung
Nachtflug
Schnupperkurs (Pinch-Hitter)
Sicherheitstraining
Vercharterung

Gymnastik Von Juni bis September kann man sich ***am Nord-, Süd- und FKK-Strand*** unter geschulter Leitung körperertüchtigen. Auch Kinder. Genaue Zeiten im Aushang beim Bademeister.

Für ***Krankengymnastik*** ist das Kurmittelhaus zuständig (Tel. 93 33 30).

Reiten

●***Reitstall Borkum am Wasserturm,*** Goedeke-Michel-Str. 11, Tel. 91 01 44. Strandritte, Ponyreiten, Reitkurse, Planwagenfahrten. Informationen über weitere Anbieter über Tel. 93 30 und www.reitstall-borkum.de

Schwimmen

Borkums ***Hallenbad „Gezeitenland",*** (Tel. 93 36 00) ist ein Riesenkomplex, der 2005 vollkommen neu gestaltet wurde. 27 °C ist das Wasser warm. Die Wellenmaschinerie wühlt Brecher von 1 m Höhe auf. Mit Ausnahme einer Wartungspause im Januar ist die Anlage ganzjährig generell täglich von 10-21 Uhr geöffnet.

●***Eintritt*** (nur mit Kurkarte):

	90 min	***3 Std.***	***Tageskarte***
Erwachsene	5,00 €	9,00 €	12,00 €
Kinder 4-15 J.	3,00 €	6,00 €	9,00 €
Familie	-	24,00 €	35,00 €

Segeln

Allgemeines zum Thema Segeln s.o. im Teil „Anreise".

Für Anspruchsvollere: Ende Mai findet die ***Regatta Delfzijl – Borkum*** und zurück statt, eine weitere im Juli.

●***Wassersportzentrum am Nordstrand*** (Tel. 22 99): angeboten werden: Wind- und Kite-Surfen, Beach-Buggy- und Windsurfschule, Segeln - Fun und Action auf dem Wasser. Kurse für Einsteiger, Aufsteiger und Funboarder inclusive Materialvermietung. Jollen- und Katamaransegeln sowie Bootsvermietung. Juni, Juli und August Regatten. Teilnahme möglich.

Strandsegeln

Auch wenn 1988 auf Borkum die Europameisterschaften ausgetragen wurden, ist Strandsegeln nur in der Vor- und Nachsaison erlaubt.

●Man wende sich für Informationen an den ***Borkumer Strandsegelverein:*** Tel. 23 61, www.strandsegelschule.de

Tauchen

Es gibt ***keine Einrichtungen*** für den Unterwassersport auf Borkum, andererseits aber auch keinen Grund, weshalb man nicht mit eigenen

Großes Glück für kleine Leute

Gerätschaften tauchen gehen könnte. Allerdings kann man die ***Sicht*** nicht gerade überragend nennen - am besten ist sie ausgerechnet im Winter.

Tennis

●Borkums ***„Tennis-Insel"*** befindet sich in der Bismarckstraße (Tel. 5 29), nur wenige Meter von der Kurpromenade. Die ganzjährig betriebene Anlage verfügt über 8 Plätze, davon 4 x Asche, 2 x Allwetter und 2 x Halle. Geöffnet täglich 8 bis ca. 23 Uhr. Training mit Tennislehrer („staatl. gepr."!) möglich. Auch Turniere, Partnervermittlung, Kinder-, Jugend- und Seniorenkurse sowie auch Arrangements mit gleichzeitiger Unterbringung.

Volkslauf

●Seit 1982 findet der (genehmigte!) ***„Borkumer Volkslauf"*** auf der Insel statt. Der Termin liegt zumeist in der Julimitte (Info: Tel. 16 63 oder 5 40); man trifft sich am Fritz-Klennert-Sportplatz des TUS Borkum. Alsdann kann man wahlweise 3, 6 und 11,5 km laufen oder 8 (mit Führer) bzw. 16,5 km wandern. Natürlich kostet's ein paar Euro; dafür winkt den Siegern jedoch eine blitzeblanke Medaille. Für Teilnehmer besteht zudem auf Anfrage die Möglichkeit der Übernachtung und Verpflegung im Jugendheim des TUS Borkum.

Wandern

120 km messen Borkums ***Wanderwege*** in ihrer Gesamtheit. In einem mittleren Inselurlaub kann man die alle zurücklegen ... Die einzelnen, nachstehend kurz beschriebenen Pfade sind die „offiziellen". Man braucht sich natürlich nicht skla-

visch an die Vorgaben zu halten, sondern kann sein eigenes Wegenetz entwickeln, indem man die bestehenden Wege verknüpft oder unterteilt. Nur abkommen darf man nicht von ihnen. Was links und rechts des Weges liegt, ist zumeist Naturschutzgebiet - Betreten verboten! (Siehe auch NSG-Beschreibungen weiter unten). Ein Überblick:

- ***Strandweg (24 km):*** Dieser längste Trek beginnt beim so genannten Süddeckwerk (nahe Südbad) und führt ständig am Nordseestrand entlang bis zum Hoge Hörn, der Ostspitze der Insel. Dies ist natürlich eine beachtliche Distanz, die man nicht unbedingt in einem Stück zurücklegen wird, zumal man ja auch immer an den Rückweg denken muss. Im westlichen Bereich lassen sich leicht ein paar Etappen abstecken. Östlich des Ortes muss man seine Tour jedoch ein wenig mit dem Busfahrplan (und den Haltestellen) koordinieren, um nicht als Robinson dazustehen. Die letzten (östlichsten) Terminals sind das Ostland und der FKK-Strand; ab dort regiert Schusters Rappen!
- ***Dünenweg (16 km):*** Beginnt am Großen Kaap und führt über die Etappen Norddünen - NSG Waterdelle - Jägerheim - Hinterwall - Ostland - Sternklippdünen und Olde Manns Oldedünen zum Nordstrand.
- ***Deich- und Salzwiesenweg (18 km):*** Ausgangspunkt ist wie beim Strandweg das Süddeckwerk, nur geht's in umgekehrter Richtung weiter. Zunächst 2 km am Wasser entlang, dann im rechten Winkel auf den Reededamm zu.

Immer am Strand lang

Darüber hinweg, 7 km Deich schließen sich an, dann Dünen und Strand bis zum Hoge Hörn.

- ***Waldweg (ca. 6 km):*** Rundtour durch die Dünen und das Waldgebiet Greune Stee südlich des Ortes.
- ***Wald-Dünenweg (17 km):*** Beginnt wie der Dünenweg, biegt beim Ostland jedoch nach rechts ab und beschreibt einen großen Bogen um den Tüskendör-See und das Flugplatzgelände.
- ***Reededamm (6 km):*** Vom Yachthafen aus kann man bis zum Deichschart parallel zu Straße und Bahn auf dem Deich entlangmarschieren. Gäste der JH werden diesen Pfad wohl öfter in Anspruch nehmen. Zum Ortszentrum sind es noch einmal 5,5 km weiter.
- ***Wiesenweg (6 km):*** Rundtour durch die Weiden östlich des Ortes. Franzosenschanze - Alter Deich - Ostfriesenstraße - Reedestraße.

Wasserski Viele Meerestiere werden durch den Lärm dahinbretternder Motorboote in ihrer Aufzucht gestört. Wasserskifahren gehört nach Ansicht von Ökologen nicht in die empfindliche Biotoplandschaft einer Nordseeinsel.

Windsurfen

- ***Windsurfing Borkum/Wassersportzentrum am Nordstrand*** (Tel. 22 99) bietet in der Saison Kurse für Ein- und Aufsteiger sowie auch für Funboardfahrer an. Arrangements mit gleichzeitiger Unterbringung sind möglich. Außerdem gibts hier Beachbuggies. Im August Regatta um den Deutschen Windsurfcup - hoffentlich weht's! Ein Grundkurs kostet ca. 150 €.

Strände

Niemand kann einem das Baden im Meer verbieten, wo es einem gerade passt - auch nicht auf Borkum. Die Erfrischung genießt man dann aber ***„auf eigene Gefahr“;*** d.h., wenn man in die Bredouille gerät, springt keiner hinter einem her. Wer es darauf nicht ankommen lassen will und wem ein fernglasbewehrter Bademeister nichts ausmacht, der sollte sich bewachen lassen.

Aus nicht ganz ersichtlichen Gründen ist in Borkumer Unterlagen die ***Bezeichnung der Badestrände*** etwas schwammig gehalten. Das liegt wohl daran, dass die Anhängsel -bad und -strand immer wieder durcheinandergewürfelt werden. Vielleicht möchte man auch größer erscheinen, als man ist. Eine kleine Klarstellung:

- ***Südstrand*** (an der Ronden Plate): Kein Badestrand; schlickiges, naturgeschütztes Gebiet, außerdem strömungsreich.
- ***Südbad:*** Am südlichen Ende der Kurpromenade. Bewachter Badestrand.
- ***Nordbad:*** Unmittelbar vor der Stadt gelegen. Bewachter Badestrand.
- ***Jugendbad:*** Nordöstlich der Stadt (beim großen Kaap). Bewachter Badestrand.
- ***FKK-Strand:*** Ca. 6 km vom Ort an der Nordküste. 1200 x 100 m großes Gelände mit Strandsauna und Umkleidekabinen. Bewachter Badestrand.
- ***Nordstrand:*** Gelände im äußersten Nordosten. Kein offizieller Badestrand.

Gewacht wird täglich vom 15.6. bis 15.9., danach laut Aushang in der Bademeisterstation. An allen Badestränden finden sich zudem ***sanitäre Anlagen*** und ***Kioske.*** Und am Südbad gibt es wind- und wettergeschützte Sonnenterrassen, von denen man hinter Glas das Meeresgeschehen beobachten kann. Der Zugang ist kostenlos.

Die vier Badestrände werden von Mai bis September täglich gereinigt.

Borkums ***Badewasser*** erhält durchweg gute Reinheitsnoten, obwohl die Nordsee nun wirklich keine glasklare Karibik ist. Ein bisschen kühler als dieselbe ist sie auch. Die ***Temperaturen*** werden für Mai mit 14 und für August mit 20 Grad Celsius angegeben. Das gilt aber nur für die oberen paar Zentimeter. Steckt man die Füße tiefer hinein, wird's rapide frischer.

Strandzelte und -körbe

Ein ***Strandzelt*** entspricht in etwa dem bekannten Strandkorb; nur dass es nicht aus Flechtmaterial besteht, sondern mit Stoff bespannt ist. Dem Gastgeberverzeichnis liegt eine Bestellkarte bei; Adresse: Verein Borkumer Strandzeltvermieter, Postfach 2264, 26748 Borkum, Tel. (nur

Südstrand) 27 17, Fax 93 21 57. Eine Bestellung sollte mindestens sechs Wochen vor Anreise erfolgen.

● ***Preise***	***Strandzelt (incl. 1 Liegestuhl)***	***Strandkorb***
1 Woche	25,00 €	36,00 €
2 Wochen	44,00 €	69,00 €
3 Wochen	64,00 €	99,00 €
4 Wochen	82,00 €	128,00 €
Extra-Liegestuhl/Woche	7,00 €	

FKK Am Nacktbadestrand darf man sich im Lichtkleid tummeln, nicht jedoch an den anderen Stränden. Man nehme auf seine Mitmenschen Rücksicht. Manche wollen nicht dauernd Nacktes sehen, andere nicht ständig darüber hinwegsehen.

● ***FKK-Kabinen*** zum Umkleiden werden ebenfalls durch die Strandzeltverleiher (s.o.) vermietet:

1 Woche	32,00 €
2 Wochen	58,00 €
3 Wochen	83,00 €
4 Wochen	108,00 €

Unterhaltung

Bibliothek ● In der ***Kurhalle am Meer.***
Geöffnet: Mo, Mi und Fr 15-18 Uhr.

Glücksspiel Eher bescheiden macht sich der versteckte Eingang der ***Spielbank Borkum*** unmittelbar am Bahnhof, doch dahinter dehnt sich ein beträchtlicher Komplex, in dem man viel Geld gewinnen kann. Leider auch verlieren; das ist eben die herbe Realität des Zockens.

Von der ***einstigen Herrlichkeit*** ist allerdings kaum noch etwas übriggeblieben. Der Spieltrieb der Deutschen hat in den letzten Jahren immer mehr nachgelassen, und zahlreiche Kasinos mussten schließen oder abspecken. Zu den letzteren zählt auch das auf Borkum. Das so genannte „Große Spiel" – Roulette und Karten – wurde hier abgeschafft. Dafür laden jetzt über 70 ***einarmige Banditen*** dazu ein, das Glück zu machen. Die spezifische Kleiderordnung hat man deshalb auch aufgehoben; der Smoking passt halt nicht so recht zu den Daddelautomaten.

● ***Spielbank Borkum,*** Georg-Schütte-Platz 6, Tel. 91 80-0. Geöffnet: für Gäste über 18 Jahre 1.4.-31.10. 11-0.30 Uhr; 1.11.-31.3. 14-21 Uhr. Eintritt frei. Kein Spielzwang.

Inselfeste

● Am ***Ostersonnabend*** wird alljährlich ein zünftiges Osterfeuer abgebrannt. Standort im Aushang.
● ***Pfingsten:*** Maibaumaufstellen am Pfingstsonnabend; Jazz-Festival.
● ***Mai:*** Segelregatta mit Hafenfest.
● ***Juni*** (dritte Woche): Mittsommernachtsfest am Burkana Hafen.
● Im ***Juli*** findet das Straßenfest des Heimatvereins statt.
● ***Juli/August:*** Segelregatta mit Hafenfest.
● ***August:*** Strandfete des Vereins Borkumer Jungen.
● ***September:*** (erste Woche): Drachenfestival.
● Am ***5. Dezember*** jeden Jahres steigt der „Klaasohm", ein seit vielen Jahrzehnten überliefertes Fest, das nur auf Borkum gefeiert wird. Mehr eine Familienangelegenheit.
● ***Weihnachtsball:*** genaue Termine unter: Tel. 93 31 14.

Kino

● Franz-Habich-Str. 2. Täglich mehrere Vorstellungen.

Tanzen

● ***Auf See:*** In der Saison geht's mehrmals an Wochenenden mit der *Wappen von Borkum* um 19 Uhr (ab Bahnhof) auf See, und in der ambulanten Disco kann dann das Tanzbein geschwungen werden. Info: Borkumer Kleinbahn, Tel. 30 90.
● ***Strandkorb:*** An der Kurpromenade (Strandhotel Ostfriesenhof), Tel. 25 80. Treffpunkt der Borkumer Szene. Ab 18 Uhr gutbürgerlicher Abendtisch. Danach eiern „1001 Schallplatten" – gottlob nicht alle gleichzeitig.
● ***Strandschlucht:*** Gorch-Fock-Str. 8, Tel. 45 40. Täglich ab 19 Uhr volles Rohr!
● ***Café-Restaurant Kulturinsel*** (ehem. Kurhaus), s. Gastronomie.

Veranstaltungen

Die Borkumer Kurverwaltung lässt sich einiges einfallen, um ihre Gäste vor dem Inselkoller zu bewahren. Die entsprechende Action findet im Kur- oder Spielhaus bzw. in der Kurhalle statt. In der Hochsaison steht täglich etwas auf dem Programm, sonst alle paar Tage. Die Veranstaltungen sind in den meisten Fällen kostenpflichtig. Vorschau im Aushang und im Infoblatt. Ein kleiner Auszug aus einer Oktoberwoche:

- ***Kurhaus:*** Behandlungen von Allergien und Hauterkrankungen im Nordseeklima. Vortrag.
- ***Kurhaus:*** Preisskat für Kurgäste und Einwohner.
- ***Spielhaus:*** Yoga – der Weg zur inneren Ruhe. Vortrag und Praxis.
- ***Kurhaus:*** Wilhelm-Busch-Abend. Literarisches Kabarett.
- ***Kurhaus:*** Borkum – belauscht, belichtet, beobachtet von einem Borkumer. Diavortrag.
- ***Kurhaus:*** Insel meiner Träume. Live-Musik, Spaß und Unterhaltung mit den Ostfriesischen Jungs.
- ***Ev.-luth. Kirche:*** Musik für Orgel und andere Bläser.
- ***Spielhaus:*** Beginn Kurs Aquarellmalen.
- Nicht versäumen sollte man auf alle Fälle einen ***„Borkum-Abend"***, der aperiodisch angesetzt wird und seit Jahren in der Publikumsgunst an oberster Stelle rangiert. Dabei präsentieren sich ausschließlich Laiengruppen der Insulaner in sehr originellen, folkloristischen Darbietungen musikalischer und tänzerischer Art.

Viel los!

Mediis tranquillus in undis

So lautet ***Borkums Wahlspruch,*** der sich im Stadtwappen, im Siegel der evangelisch-reformierten Kirche und an manchen Insulanerhäusern findet: *„Ruhend inmitten der Wogen“.*

Wie genau er dorthingeriet, ist heute nicht mehr so recht nachzuvollziehen. Anno 1929 machte sich ein gelehrter Inselgast mal die Mühe, die Sache zu verfolgen, gelangte dabei aber auch nicht weiter als zu der Feststellung, dass der Spruch ***einem Hexameter entstammen*** könnte. Selbiger sei das rhythmische Glied altgriechischer und -römischer Epen mit sechs daktylischen Versfüßen, führte der Professor aus, und dort mochte die Floskel möglicherweise ihren Ursprung haben. Zu diesem Schluss hätte allerdings auch jeder halbfertige Altphilologe kommen können, und die Frage wurde damit keineswegs beantwortet.

Ein anderer kluger Kopf zog eine ***Parallele zum Hause Nassau-Dillenburg,*** dem Sitz der Oranier, die sich im 16. und 17. Jh. um den Freiheitskampf der Niederlande verdient gemacht hatten. Noch heute wird der deutschstämmige *Wilhelm von Nassau-Dillenburg* in der niederländischen Nationalhymne als Volksheld besungen. Und der Leitspruch dieses wackeren Mannes war: *„Saevis tranquillus in undis“,* zu deutsch wörtlich: „Ruhend in den wilden Wellen“

oder frei übersetzt: „Der ruhende Fels in der Brandung". Ganz ähnlich drückte sich auch *Schiller* aus, der sich die Loslösung der Niederlande von Spanien zum Thema gemacht hatte, und überdies ist der bewusste Spruch auf diversen holländischen Münzen der Jahre 1568 und 1584 zu sehen. Er war also durchaus existent.

So weit, so gut. Aber wie geriet der Spruch dann – und auch noch in abgewandelter Form – nach Borkum? Manche Lokalhistoriker glauben, dass ihn ***calvinistische Prediger*** aus den Niederlanden dorthin verpflanzten. Die niederländischen Freiheitskämpfer fanden seinerzeit in der Stadt Emden und auf der Insel Borkum wiederholt Zuflucht und bauten dort Stützpunkte aus; reformierte Geistliche kamen über die Grenze. Überhaupt war die nordwestlichste Ecke Deutschlands lange Zeit sehr stark von Holland beeinflusst; auf Borkum sprach man noch im 19. Jh. Niederländisch. Die studierten Theologen brachten zweifellos manchen klugen lateinischen Spruch mit ins Ostfriesische. Und jener des nassauischen *Wilhelm,* glauben Fachleute, mag auch dabei gewesen sein, nur dass er für Borkum leicht umgewandelt wurde: Aus *„saevis"* wurde *„mediis"*.

Möglich wär's. Sofern keine anderslautenden historischen Belege auftauchen, wird man diese Auslegung wohl bis auf weiteres akzeptieren müssen.

Unterkunft

Hotels

Die Unterkünfte sind in folgende Preiskategorien eingeteilt (pro Person im DZ in der HS):

€	bis 30 €
€€	30-50 €
€€€	50-70 €
€€€€	70-100 €
€€€€€	ab 100 €

Mehrsterner

- ***Graf Waldersee******/€€
Bahnhofstr. 6, Tel. 91 26 08, Fax 91 26 01.
Ruhig im Ortskern gelegen. Nichtraucher-Speiseraum, Kaminraum uvm. Pauschalen und Kinderpreise auf Anfrage. Betriebspause im Winter.
- ***Strandhotel Vierjahreszeiten*******/€€€
Bismarckstr. 40, Tel. 92 20, Fax 41 89, info@strand-hotel.com
An der Ecke der Strandpromenade, zentral gelegenes modernes Gebäude - etwas zu modern für die klassische Skyline. Hallenbad, Sauna, Fitnessraum, Solarium, Beauty-Farm.

Nobelherberge

● ***Hotel Miramar*** ****/€€€
Am Westkaap 20, Tel. 91 23-0, Fax 91 23 83, niemand@miramar.de
Hotel und Privatklinik (beihilfefähig) in einem. Direkt am Meer (beim Westkaap) gelegen, nur wenige Fußminuten zum Zentrum. Eigenes Meerwasser-Hallenbad.

● ***Aparthotel Kachelot***
Goethestr. 18, Tel. 3 04-0, Fax 30 49 11, aparthotel@kachelot-borkum.de
Relativ modernes Haus, zentral gelegen. Hervorgegangen aus dem Nautic-Kurhotel Upstalsboom. Familienfreundlicher Betrieb. Zwei Gehminuten zum Strand.

● ***Nordsee-Hotel (Ringhotel Borkum)*** ****/€€-€€€€
Bubertstr. 9, Tel. 30 80, Fax 30 81 13, nordseehotel@t-online.de
Kur- und Ferienhotel mit angegliederter Privatklinik (beihilfefähig). Schöner Klassikbau an der Strandpromenade. „Friesentherme-Badelandschaft", Meeressolbad, Restaurant „Burchana". Wie wär's mit einer Beinenthaarung oder Dekolletébehandlung? Pauschalen und Kinderpreise auf Anfrage.

● ***Seehotel Upstalsboom*** ***/€€€
Viktoriastr. 2, Tel. 9 15-0, Fax 71 73, seehotel@upstalsboom.de
Elegantes Gebäude aus der Wendezeit zum 20. Jh., unmittelbar am Neuen Leuchtturm. Komplette Nichtraucheretage.

● ***Inselhotel Vierjahreszeiten*** ****/€€€€
Am Georg-Schütte-Platz 4, Tel. 92 00, Fax 92 04 20, info@inselhotel.de
Schönes altes Gebäude unweit des Neuen Leuchtturms. Charmantes Ambiente.

Garni

● ***Haus am Park*** ****/€€€
Bahnhofstr. 5, Tel. 9 30 60, Fax 93 06 29.
Zentral, aber ruhig gelegen, erfreut dieses Haus mit seiner traditionellen Architektur. Suiten, Schwimmbad, Solarium, Sauna. Keine Tiere erlaubt. Sonderpauschalen.

● ***Hotel Haus Borkum*** ***/€€
Hindenburgstr. 8, Tel. 91 84-0, Fax 91 84 13.
Hübsches, elegantes und komfortables Haus 500 m vom Strand. Restaurant „Austernfischer" im Haus.

● ***Hotel Inselhof*** €€
Strandstr. 47, Tel. 21 42, Fax 76 58.
Ruhig gelegener Familienbetrieb. Geschlossen Dez.-Feb.

● ***Hotel Rummeni*** €€ mit ***Haus Hubertus*** €€
Am Georg-Schütte-Platz 2, Tel. 9 29 00, Fax 38 09.
Gemütliches Familienhotel im Kurzentrum und in Strandnähe. Angegliedert ist das Restaurant mit dem altehrwürdigen Namen „Giftbude".

● ***Huus in't Dörp*****/€-€€
Westerstr. 12, Tel. 24 27, Fax 27 28.
Hotel-Pension für Nichtraucher im alten Ortskern.

● ***Park Hotel***€€
Strandstr. 12, Tel. 92 49 43, Fax 93 25 31, info@borkum-parkhotel.de
Nostalgisches, doch modern renoviertes Haus in ruhiger, zentraler Lage. Reichhaltiges Frühstücksbuffet.

● ***Strandhotel Hohenzollern***€€€
Jann-Berghaus-Str. 63, Tel. 9 23 30.
Nagelneues Haus in traditionellem Gewand, direkt an der Seepromenade.

● ***Strandhotel Najade***€€
Randzelstr. 17, Tel. 93 04 00, Fax 91 03 03.
Ruhig gelegenes Familienhotel (200 m vom Strand).

● ***Strandhotel Ostfriesenhof***€€
Jann-Berghaus-Str. 23, Tel. 7 07-0, Fax 31 33.
Schönes altes Haus, Teil der klassischen Borkumer Skyline, direkt am Hauptbadestrand.

● ***Strandvilla Janine***€€
Strandstr. 38, Tel. 91 85-0, Fax 91 85 85.
Hübsches altes Haus im Kurviertel (100 m zum Strand). Zusammen nur 20 Doppelzimmer.

● ***Villa Daheim***€€
Rektor-Meyer-Pfad 4, Tel. 92 97-0, Fax 92 97 97, villadaheim@web.de
Bürgerhaus im alten Teil des Ortes, sehr ruhig gelegen.

● ***Villa Ems******/€€
Am Georg-Schütte-Platz 9, Tel. 91 19, Fax 34 45.
„Das kleine Hotel im Kurzentrum" ... Hübsches, elegantes Haus aus alten Tagen. 500 m vom Strand. Sauna, Hallenbad, Fitnessraum sowie Bademantel- und Strandliegetuch-Service!

● ***Villa Weststrand***€€
Bismarckstr. 38, Tel. 9 39 70, Fax 93 97 15. Neubau mit Café/Restaurant, Kiosk, Dachterasse. Günstige Pauschalangebote.

● ***Windrose***€€
Bahnhofspfad 10, Tel. 9 11 80, Fax 91 18 66.
Hotel Garni, Appartements und Fewos für Nichtraucher.

Solide Mittelklasse

● ***Der Insulaner***€
Neue Str. 42, Tel. 5 18, Fax 13 72, A.Sluiter@Hotel-Insulaner-Borkum.de
Kleines Familienhotel; 1 km zum Strand. Aufenthaltsraum mit Getränkebar, 2 TV-Räume, Sauna, Liegewiese, Teeküche für Gäste. Kinderlieb und tierfreundlich. Di. Ruhetag. Im Februar geschlossen.

● ***Domizil***€€€
Westerstr. 15. Tel. 91 91 00, bsobirey@t-online.de
Hotel Garni, Aparthotel und Fewos. Nichtraucherhaus, kinderfreundlich.

●***Hotel Atlantik***€€
Bismarckstr. 6, Tel. 9 14-0, Fax 91 41 40.
Großes Haus (100 Betten), 300 m vom Strand. Auch Mehrbett- und Familienkombinationen.
●***Hotel-Restaurant Kleine Möwe***€€
Kirchstr. 31, Tel. 21 77, Fax 31 61.
Behagliches Haus (17 Betten). Vollwert- und Biokost.
●***Zum Hanseaten***€€
Deichstr. 35a, Tel. 6 15, Fax 74 21.
Zentral gelegen (Südstrand 700 m) und von gepfleger Atmosphäre. Sonnenterrasse, Liegewiese, Hausbar und diverse Pauschalangebote.

Pensionen und Privatzimmer

Generelles zu den nachstehenden Unterkünften: Bei Pensionen und Zimmern wird eine ***zeitliche Mindestbelegung*** „von einigen Tagen" vorausgesetzt. Das Maß wird locker gehandhabt, aber 3 Tage sollte man als absolutes Minimum ansehen. Für Kurzübernachtungen wird in der Regel ein Aufschlag berechnet. Im Sommer ist ein Minimum von 1 Woche Normalität.

Viele Pensionswirte und Zimmervermieter nehmen zunehmend ***nur Nichtraucher*** auf. Im Gastgeberverzeichnis ist auf eine entsprechende Eintragung zu achten.

Speziell ***für Rollstuhlfahrer*** eingerichtete Herbergen sind in der Liste mit einem Symbol versehen.

Mit HP oder VP

●Nur eine knappe Handvoll Einheiten dieser Kategorie gibt es noch. Man rechne um 30 €, wobei man HP bzw. VP aber noch dazuzählen muss. Saisonelle Preisunterschiede sind gering.

Mit Frühstück (1)

●Die „Eins" steht für die Kategorie „Ab 9 Betten", also etwas größere Häuser. Von diesen listet der Katalog immerhin schon mehrere Seiten auf. Auch hier gibt es über das Jahr hinweg keine großen Preisvariationen. Man kann einiges unter 20 € finden, doch der Durchschnitt liegt über 25 € und ein großer Teil sogar über 30 €.

Mit Frühstück (2)

●Von diesen kleineren Häusern mit bis zu 8 Betten gibt es auch noch eine ganze Schar. Weshalb Pensionen mit einem weiteren Bett teurer sind, bleibt unerfindlich; es muss wohl die Steuer sein. In dieser Kategorie sind 20 €

ganzjährig ein guter Richtwert, denn die Mehrzahl der Häuser bewegt sich in diesem Bereich. Einige liegen sogar noch ein ganzes Stück darunter.

Mit Küchenbenutzung

- Diese entschieden billigste Kategorie ist mit 10 Einheiten vertreten. Das Minimum liegt hier bei 14 €, das Maximum bei 30 €.

Ferienhäuser und Ferienwohnungen

Im Gegensatz zu allen anderen Herbergskategorien unterliegt diese Sparte sehr ***starken saisonellen Preisunterschieden.*** Die Hauptsaison (generell von Mitte Juni bis Mitte September, nicht übereinstimmend mit der Kurtax-HS) ist natürlich überall am teuersten; der minimale Tagessatz liegt dann bei etwa 50 €. Außerhalb dieser Zeit purzeln die Preise jedoch schnell um die Hälfte und mehr. Da die Ferienhäuser und Ferienwohnungen in den meisten Fällen für vier, manchmal sogar sechs Personen ausgelegt sind, kommt man pro Nase auf einen recht günstigen Schnitt.

Das ***Borkumer Angebot*** erstreckt sich über viele Seiten der Gastgeberliste. Man kann sich anhand eines (beiliegenden) Ortsplans die genehmste Lage heraussuchen; von vielen Häusern gibt es auch Abbildungen. Nach etwas wirklich Inselspezifischem, Liebenswertem, „Friesischem" oder Verhuschtem wird man sich allerdings (von ganz wenigen Ausnahmen abgesehen) vergeblich umschauen; das meiste könnte vom Ambiente her auch in einem Vorort von Wanne-Eickel stehen. (Nur ein einziges Haus ist reetgedeckt). Zumindest kann man sich aber erkundigen, ob man es mit Insulanern zu tun hat oder ob man das Renditeobjekt eines fernen Eigentümers fördert - im Zweifelsfall sollte *pro Borkum* sicherlich die Devise sein.

In dieser Kategorie ist eine ***zeitliche Belegung*** von einer Woche das absolute Minimum; zwei bis drei Wochen sind normal.

Die neue Jugend-
herberge

Jugendherberge

Die alte JH Borkum in der Jann-Berghaus-Straße wurde 1998 geschlossen.

Die neue Jugendherberge ***Am Wattenmeer***€ (Reedestr. 231, Tel. 5 79, Fax 71 24, jh-borkum@djh-unterweser-ems.de) ist in die einstigen Kasernen der Bundesmarine nahe dem Fährhafen eingezogen. Sie bietet (mit Ausnahme einer Betriebspause von Mitte bis Ende Dezember) ganzjährig offene Türen. Und nicht nur die 530 Betten in sechs Häusern laden zur Belegung ein. Es gibt Extras wie Tages-, Film- und Schulungsräume, Café und Kneipe „Backpackers Inn", Grillhütte, Bolzplatz, Kegelbahn, Fahrradverleih ... Nur zum Strand hat man es recht weit: Er befindet sich genau auf der gegenüberliegenden Seite der Insel, und man muss noch ein Viertelstündchen mit dem Bus fahren.

Es wird nur VP angeboten! Und nicht den JH-Ausweis vergessen! Schriftliche Anmeldung (Brief oder Fax) erforderlich! Den Belegungsstatus der JH kann man bei ständig besetztem Telefon auch über die zentrale Nummer 0421 - 50 42 06 erfragen.

Das ***Jugendfreizeitheim „Tüskendör"*** (Ostfriesenstr. 102. Tel. 99 00 94) steht im Gegensatz zur Jugendherberge nur Gruppen und Schulklassen offen.

CVJM-Heime

CVJM Victoria Der Christliche Verein Junger Menschen (CVJM) betreibt auf Borkum eine ***Familienferienstätte***€€, Viktoriastr. 14 (Tel. 3 07-0, Fax 30 73 33). Es handelt sich um ein großes, repräsentatives Haus mit 260 Betten auf 102 Zimmern, alle mit Dusche und WC. 36 Zimmer liegen zur Seeseite, 6 sind behindertengerecht. Im Haus stehen zur Verfügung: mehrere Speiseräume, Veranda mit Blick auf das Meer, Kindergarten, Babyküchen und Kinderspielecken, ostfriesische Teestube, Kegelbahn mit Kegelstube, Tischtennis und Billard, Lesezimmer, verschiedene Tages- und Aufenthaltsräume. Der Strand liegt genau gegenüber, und ständig sind diverse Aktivitäten im Programm.

Haus Waterdelle Außerdem gehört dem CVJM das ***Jugenderholungsheim Waterdelle***€ (Tel. 9 12 20, Fax 91 22 91). Dieses Haus mit 183 Betten liegt mitten in den Dünen in unmittelbarer Nähe des Jugendbadestrandes und ist natürlich vor allem für das Jungvolk da. Selbiges wohnt in Vierbettzimmern mit fl. k/w Wasser; für die Begleiter stehen 11 EZ/DZ mit Dusche und WC zur Verfügung. Es gibt überdies diverse Tages- und Aufenthaltsräume, Tischtennis, Billard sowie einen Spiel- und einen Hartplatz.

Buchungen • Für Buchungen wende man sich direkt an den CVJM-Gesamtverband, Im Druseltal 8, 34131 Kassel; Tel. 0561 - 30 87-0, Fax -3 08 72 70.

Kinderheim

Die private ***Kinderpension Rumpelstilzchen***€€ (Am Leuchtturm 1, Tel. 22 06, Fax 91 03 03) ist vom 16.3. bis 14.10. geöffnet und bietet Kindern von 4 bis 12 Jahren unter fachlicher Aufsicht Unterkunft und Vollpension. Vorhanden sind außer den üblichen Einrichtungen Spielzimmer und -strand, ein Garten, Schulbesuch ist möglich. Natürlich hat man auch an ärztliche Betreuung gedacht.

Mach mal Pause

Mutter-Kind-Kuren

- Kath. Kinderheim Sancta Maria, Tel. 9 28 10.
- Haus Leuchtfeuer, Tel. 91 60.
- CBT Haus am Meer, Tel. 91 30.
- Mutter-Kind-Klinik, Tel. 30 60.
- Haus Blinkfüer (Familien), Tel. 70 60.

Bauernhof

Wohnen kann man auf dem ***Bauernhof von Willem Aggen***€, der auch den Campingplatz Aggen betreibt, und zwar in einem Doppelzimmer mit eigener Dusche und WC, separatem Eingang und Sonnenterrasse. Sogar zwei Fahrräder stehen zur Benutzung bereit. Der Hof ist ganzjährig geöffnet. Anmeldung siehe Camping Aggen.

Camping

Es gibt auf Borkum zwei Campingplätze. So genanntes „wildes Campen" ist auf der ganzen Insel verboten! Hingewiesen sei auch auf das Gruppenzeltlager Burkana am Yachthafen. Infos unter Tel. 78 77.

Camping Aggen

Der Campingplatz von *Willem Aggen* (Ostland, Tel. 04922 - 22 15), liegt im Umfeld eines Bauernhofs im Osten der Insel inmitten einer Wiesen- und Dünenlandschaft. Kürzeste Distanz zum Strand (Wasserlinie): 15 Gehminuten. Distanz zum Ortszentrum: 5 km (Bushaltestelle nahebei).

Das Gelände verfügt über lediglich 35 Stellplätze (Zelte und Caravans) und ist schon deshalb angenehm ruhig. Es gibt moderne Waschräume mit Warm- und Kaltwasser, die ohne Plaketten benutzt werden können. Autos lassen sich auf dem Hof abstellen. Geöffnet vom Beginn der

Blick vom Leuchtturm

Oster- bis zum Ende der Herbstferien. Rechtzeitige schriftliche Anmeldung erforderlich.

● ***Preise (HS):***

Platzgebühr (einsch. Vorzelt, Pkw, Stromanschluss und Benutzung der sanitären Anlagen) pro Übernachtung	9,25 €
Platzgebühr für ein kleines Zelt	6,00 €
Personengebühr	5,20 €
Kinder bis 16	4,40 €
Strom nach Verbrauch/kWh	0,60 €

Insel-Camping Borkum

Das Gelände des Insel-Camping Borkum (Hindenburgstr. 114, PLZ 26744. Tel. 10 88 und 42 24, Fax 42 34) ist etwa 1 km (Wasserlinie) vom Strand entfernt. Der Campingplatz ist eine kleine Stadt für sich, mit Straßennamen („Seepferdchenweg", „Seeräuberpfad"), Parkplatz, Anmeldung, Platzwart, Minimarkt, Restaurant, Sanitärgebäuden („I-III"), Babywickelraum, Behindertenanlagen, Abwaschplätzen, Waschmaschinenraum, Ausguss für Chemikalien-WC (auch winterfest), „Kinderwaschland", Kochküche, kombinierten Dusch- und Waschkabinen, Spielwiese mit Torwand, Volleyballplatz, Basketballkörben, Abenteuerspielplatz, Riesenrutsche, Mini-Club, Fernseh-, Video- und Unterhaltungszelt, Billard- und Tischtenniszelt, Jugendzeltwiese, Sauna, Solarium, Frisierstübchen, Fahrradverleih, Nachtwache, Pit-Pat-Billard, Trick-Pin und Spielsalon. Der Campingplatz ist ganzjährig geöffnet.

● ***Saisonzeiten des Campingplatzes am Beispiel des Jahres 2006:***

Hauptsaison	Zwischensaison	Vor- und Nachsaison
01.04.-23.04.	29.05.-01.06.	10.03.-01.04.
24.05.-28.05.	06.06.-26.06.	23.04.-24.05.
01.06.-06.06.	30.08.-11.09.	11.09.-31.10.
26.06.-30.08.		

	HS	ZS	VS/NS
I. Stellplätze mieten			
1. Personengebühr			
Kinder 2 bis 14 Jahre pro Nacht	5,30 €	3,50 €	2,80 €
Personen ab 14 Jahre pro Nacht	7,50 €	5,00 €	3,80 €
Besucher pro Tag	3,50 €	2,50 €	2,50 €
2. Platzgebühren			
In der HS nur wochenweise (1-4-Wochen-Belegung möglich)			
Familienstellplatz für Bungalowzelt, Reisemobil, Caravan/Nacht	12,00 €	8,00 €	6,00 €
Sanitärkabine am Platz pro Nacht	6,70 €	5,60 €	4,00 €
3. Zelter = keine Familien und/oder kein Familienstellplatz			
Tageweise Belegung in der HS möglich; Inklusivpreis pro Person pro Nacht (min. 2 Nächte; PKW extra, s. u.)	12,50 €	9,50 €	7,50 €
4. Sonstige Gebühren			
Hund (Kampfhunde nicht erlaubt)	3,50 €	3,50 €	2,50 €
Auto, Anhänger	3,50 €	3,50 €	2,50 €
Motorrad	1,10 €	1,10 €	1,10 €
Stromgrundgebühr pro Nacht	0,80 €	0,80 €	0,80 €
Strom nach Verbrauch/kWh	0,55 €	0,50 €	0,50 €

II. Mietwohnwagen (mindestens 1 Woche)

pro Nacht 45,50-47,50 €

zzgl. Personengebühr, Stromanschluss und -verbrauch, PKW, Gas, Endreinigung, An- und Abreise jeweils Sa oder So

III. Reservierungen für die HS

für Stellplätze und Mietwohnwagen 100,00 €

Diese Anzahlung wird vergütet.

IV. Schulklassen und Gruppen

Preise auf Anfrage

V. Saisonplätze

Caravanplatz 15.3.-31.10.	1580,00 €
zzgl. Stromverbrauch	
Sanitärkabine Saison	335,00 €
Gebühr für zusätzliche Person	95,00 €
PKW-Pauschale für Saisonplatz	130,00 €
außerhalb der Saison	100,00 €

Es gibt zahlreiche ***Sonderangebote:*** bitte anfordern!

ALFRIED KRUPP

Sehenswertes

Alter Leuchtturm

• ***Standort:*** Ecke Richthofen-/Wilhelm-Bakker-Straße; Tel. 29 61 und 49 05.
• ***Öffnungszeiten:*** Ganzjährig Mo, Mi, Sa, von Juli bis Sept. zusätzlich Fr, 10.30-11.30 Uhr. Eintritt: Erw. 1,50 €, Kinder ab 6 die Hälfte.

Der Alte Leuchtturm ist derjenige mit dem ***unverkennbaren Plattdach.*** Er steht einen halben Kilometer östlich von seinem neuen Bruder, 45 Meter ist er hoch, und einige Jährchen hat er auch schon auf dem Buckel.

Um im Mittelalter den ***Weg von der Nordsee in die Westerems*** zu finden, peilten die Seefahrer zwei Baken auf der niederländischen Insel Rottum an. Doch während schwerer Sturmfluten in den Jahren 1509 und 1570 versank der Inselteil mit diesen Wegweisern in der See, und aus war's mit den wichtigen Navigationshilfen.

Vom Emder Rat, dem am meisten an der Sicherung der Emsschifffahrt gelegen war, wurde nunmehr (1576) ***Borkum als neuer Standort*** gewählt. Dort befand sich auf der Position des jetzigen Leuchtturms eine Kirche, die jedoch den Anforderungen nicht genügte - sie war zu niedrig. Man riss sie deshalb ab und errichtete an ihrer Stelle ein ***Bauwerk mit quadratischem Grundriss,*** 36 Meter hoch. Das Mauerwerk dafür war beim Bau des Emder Rathauses übriggeblieben, bei dem man sich verhoben hatte: Der vorgesehene Prunkpalast musste, früher Ostfriesenwitz, ein paar Nummern kleiner als beabsichtigt gebaut werden, weil der Untergrund sich als zu nachgiebig erwies. Aus den Restquadern (und den Steinen der Kirche) zog man den ***ersten Borkumer Leuchtturm*** hoch und brachte an seiner Südseite eine steinerne Gedenktafel an, um das Ereignis zu würdigen. Gleichzeitig hielten die alten Glocken wieder Einzug in den Turm, der dieserart erneut kirchliche Aufgaben bekam.

Auch errichtete man auf den Westdünen der Insel ***zwei hölzerne Baken,*** Kaapen genannt (s.u.), die zusammen mit dem Turm als Ansteuerungshilfen für die Wester- und neu entstandene Osterems dienten.

Oben platt: Der Alte Leuchtturm

Bis sage und schreibe 1817 brannte auf dem Turm kein Feuer; er war mithin ***gar kein Leuchtturm, nur eine Peilbake.***

Dann jedoch wurde er auf seine jetzigen 45 Meter erhöht, und ein System von Öllampen spendete ein ***zunächst trübes Licht.*** Selbiges wurde 1826 verbessert, und nun konnte man Borkum nachts schon auf 10 km Entfernung erkennen! 1857 gelang es, das ***Licht noch stärker zu bündeln*** mittels eines „dioptischen Linsenapparats" des französischen Physikers *Fresnel.* Aber ach – mit welch schmerzlichen Folgen! 1879 geriet der treue Küstenwächter mit seinen großen

Ölvorräten ***in Brand,*** blieb, weil aus Stein, zwar weitgehend intakt, doch musste hilflos mit ansehen, wie ihm in Gestalt des Neuen Leuchtturms (s.u.) ein Konkurrent vor die Nase gesetzt wurde.

Zur Funktionslosigkeit war „der Alte" dennoch nicht verdammt. 1882 machte man ihn, obwohl das eher peinlich war, zum Träger einer ***Turmuhr,*** und 1897 besann man sich erneut aufs Christentum und hielt ***Gottesdienste*** in dem

Wieder da:
der Grabstein

Gemäuer ab. Während beider ***Weltkriege*** ging es dafür sehr profan zu: Der ehrwürdige Veteran diente als Beobachtungsstätte und Munitionslager.

Heute ist der Turm ***Eigentum des Heimatvereins Borkum.*** Ein Einstieg lohnt kaum, innen gibt's außer einer ***kleinen Teestube*** in 40 m Höhe nichts zu sehen.

Viel interessanter ist das Umfeld, vor allem der ***kleine Friedhof*** mit einigen Uraltgräbern. Ein ganz ***berühmter Grabstein*** ist dabei, dessen einprägsamer Totenkopf immer wieder in der Inselliteratur auftaucht. Den wollte ich vor einiger Zeit fotografieren. Er war nicht da. Im Dykhus und in der Pastorei wusste man von nichts: „Was – der is wech? Muss wohl geklaut worden sein ..." War er auch, gewissermaßen. Der Heimatverein Borkum hatte das gute Stück nach Emden verfrachtet, um dort ein ***Duplikat*** anfertigen zu lassen. Selbiges kann man jetzt am Alten Leuchtturm bewundern; das ergraute Original ist in das Heimatmuseum gewandert.

Gag der Kurverwaltung: ***Heiraten auf dem Alten Leuchtturm!*** In luftiger Höhe wird das Jawort gegeben. Monatliche Termine, Package mit allem drum und dran: pro Paar ab 840 €, Hochzeitskutsche 130 € extra.

Heimatmuseum (Dykhus)

- ***Standort:*** Ecke Richthofen-/Weidenstraße.
- ***Öffnungszeiten:*** Täglich außer Mo 10-12 und 16-18 Uhr. Im Winter nur nachmittags. Eintritt 3 €, Kinder 1,50 €.

Für einen Besuch dieses 1958 eingerichteten Museums sollte man sich am besten einen Regentag aussuchen und mindestens eine oder zwei Stunden für einen Rundgang ansetzen. Denn der Heimatverein Borkum, Betreiber des Dykhus, hat in neun Räumen eine ***Fülle lokalhistorischen und naturkundlichen Materials*** zusammengetragen, dessen eingehende Inspektion sich lohnt. Vieles davon ist der Gebefreudigkeit (!) der Borkumer Bevölkerung zu verdanken, und zahlreiche dienstbare Geister haben diese Gaben, alle mit direkter Beziehung zur Insel, mit viel Liebe museal arrangiert.

Heimatmuseum Dykhus

Das Dykhus liegt etwas versteckt am Fuß des Alten Leuchtturms, der einen unfehlbaren Wegweiser abgibt. Der ***Name*** übersetzt sich übrigens als „Deichhaus" (und nicht etwa als „dickes Haus"). Hier erhob sich nämlich im 17. Jahrhundert der erste Borkumer Deich; heute ist allerdings nichts mehr von ihm zu sehen.

•Raum 1: Karnstee (Kirnstelle)

Kaum jemand weiß noch, was *kirnen* bedeutet. In Raum 1 erfährt man es: Das ***Herstellen von Butter*** mittels handbetriebener Gerätschaften. Eine bescheidene Land- und vor allem Viehwirtschaft spielte auf Borkum neben der Fischerei stets eine tragende Rolle, und dieser Ausstellungsraum gibt einen kleinen Einblick in das damalige Geschehen. Leider werden keine Kostproben gereicht, wahrscheinlich auf Betreiben des Einzelhandels. Wer einmal frisch gekirnte Butter gekostet hat, kauft nämlich nie wieder das Industrieprodukt!

•Raum 2: Köken (Küche)

In der „Insulanerküche" gibt es vornehmlich ***Fliesen*** zu sehen. Selbige waren nämlich in der Zeit von 1680 bis 1840 das Nonplusultra der Inneneinrichtung – durchaus ***nicht nur in Küchen,*** wenn auch insbesondere dort die Wände mit ihnen beklebt wurden. Die weiß-blauen und -violetten Kacheln schmückten aber ebenfalls

Dykhus: Vörkamer (Heimatmuseum)

komplette Wohnstuben - die dann ein wenig wie möblierte Badezimmer aussahen - und sogar, Gipfel der Protzerei, ***Zisternen.*** Der Nachbau einer solchen „Regenbakke" mit Fliesendekor findet sich am Hintereingang des Dykhus.

Jeweils im Frühjahr fuhren die Besatzungen der Walfangschiffe zum Einsatz nach Amsterdam, Zaandam und Edam. Die leichten Küstensegler, die sie dort hintransportiert hatten, kehrten dann mit reicher ***Fliesenfracht aus Holland*** auf die Insel zurück, denn Holland war die Hochburg der (ursprünglich auf chinesischen Techniken beruhenden) Produktion.

Porzellane fernöstlicher Herkunft erreichten Borkum ebenfalls - und zum Teil auch nicht. 1996 entdeckten Taucher ein mit solchen Waren beladenes ***Schiffswrack*** auf dem Hohen Riff, heute ein enorm wertvolles Gut. Aber ein Museum werden die kostbaren Geschirre bis auf ein fernes weiteres nicht schmücken. Die Position des Porzellanwracks bleibt geheim, und eine Bergungsgenehmigung wurde den Findern nicht erteilt.

• *Raum 3: Vörkamer (Wohnzimmer)*

Damals wie heute diente das ***Wohnzimmer in der westlichen Kultur*** vor allem dazu, es mit Hausunrat zu verbarrikadieren: Möbel, Geräte, Nippes, Klamotten. Weniger *wohnte* man tatsächlich darin, als dass man es zum Schaukasten seines irdischen Besitzes aufputzte: ***heute*** für den Fernseher, die Schrankwand und das plastikbezogene Sofa, das Auto passt leider nicht hinein. ***Früher, auf Borkum,*** stellte man Objekte wie die „friesische Halbkastenuhr", den „Engelofen" aus Gusseisen und diverse andere klobige Gegenstände darin aus.

Immerhin wurde die in dieser „Vörkamer" untergebrachte ***Esse*** aber alljährlich in Betrieb genommen und war im ***Winter Mittelpunkt des Hauses.*** Und nach dem, so *Heinrich Heine* über die damaligen Verhältnisse, sehnten sich die Insulaner offenbar sogar in sonniger Ferne zurück, „nach dem flackernden Herde, wo die Ihrigen, wohlverwahrt in wollenen Jacken, herumkauern und einen Tee trinken, der sich von gekochtem Seewasser nur durch den Namen unterscheidet, und eine Sprache schwatzen, wovon kaum begreiflich scheint, wie es ihnen selber möglich ist, sie zu verstehen."

Heinrich Heine hatte bekanntlich über alles etwas zu lästern. Doch was er da beschrieb, ist gar nicht so weit hergeholt. Während des Zweiten Weltkrieges geschah es, dass zahlreiche ***Kisten mit Tee*** aus einem havarierten Schiff ***an den Borkumer Strand*** trieben. Der Inhalt hatte zwar Schaden durch das Salzwasser genommen, aber aufgebrüht und getrunken wurde er trotzdem. „Strandtee" nannte man das Geschenk der Nordsee, „Heinrich-Heine-Gedächtnis-Tee" wäre auch eine passende Bezeichnung gewesen.

•*Raum 4: Kapitänszimmer*

Was ein richtiger Kaptein war, der hatte in seinem Haus natürlich ***Schränke und Truhen aus schwerem Tropenholz,*** und an den Wänden hingen Bilder, die er selbst auf langen Freiwachen gemalt hatte: ***„Kapitänsbilder".*** Vieles aus dieser Kategorie ist in früheren Jahren bereits den Insulanern abgekauft worden, die dem Glanz der schönen Glasperlen, die man ihnen dafür bot, nicht widerstehen konnten. Was in Raum 4 zu sehen ist, sind von diesem Kommerz gerettete Restposten: ***prächtige Stücke von schlichter Eleganz,*** und man freut sich, dass sie nicht irgendwo in einer Wurstfabrikantenvilla zwischen Bilderbibel und gotischer Madonna gelandet sind.

•*Raum 5: Walfängerzimmer*

Zu Borkums Walfangperiode wird später noch einiges zu sagen sein. In diesem Raum erhält man einen ***Einblick in das Leben der Walfänger;*** an Informationen über die Risiken dieses Berufs wird nicht gespart. Auch erfährt man, dass damals die meisten Geburten auf Borkum im Dezember und Januar stattfanden. Die Ausreise der Walfänger erfolgte nämlich im März, und dann schlüpfte man offenbar vorher noch schnell mal in die Butze (der wir gleich in Raum 6 begegnen werden).

Zu sehen sind die ***Werkzeuge des Berufs,*** wie Harpunen, Lanzen und Flensmesser, sowie Karten und alte Stiche. Ausgestellt ist auch ein ***Bericht des Kommandeurs*** *Jacob Janssen Lübben,* in dem er seine Walfangreise im Jahre 1769 beschreibt. Ein Schiff von dreien, der Walfänger *De waakende Kraan* mit 45 Mann Besatzung, blieb auf dieser Fahrt verschollen - ein durchaus nicht ungewöhnliches Vorkommnis. Abenteuerlich, gefährlich und hart war das Leben damals.

Viele Nordlandfahrer starben einen ausgesprochen geospezifischen Tod - ***sie erfroren.*** Man sieht's manchem Junggast im angenehm durchwärmten Raum 5 an, dass er sich gar nicht richtig vorstellen kann, warum die Leute damals nicht einfach ihre elektrischen Heizöfen in Betrieb setzten und sich zwecks weiterer Wärmung eine Baseballkappe (mit Inschrift „Borkum Whalers“) aufs Haupt stülpten …

•*Raum 6: Upkamer mit Butze*

Brennmaterial war rar im alten Borkum. Die ***Schlafzimmer*** der Insulaner waren deshalb ***zumeist ungeheizt.*** Bei Kälte zog man sich mit vorgewärmten Bettpfannen in Alkoven oder „Butzen“ zurück, und in deren Enge wurde, wie be-

Dykhus: Upkamer

reits zur Sprache kam, bestimmt auch kräftig in Sachen Bevölkerungszuwachs gearbeitet.

Nachempfunden waren die Alkoven ***Schiffskojen,*** wenn sie auch kein Patent auf diese Bauart besaßen. Das Prinzip gab es anderswo ebenfalls, so in ganz Russland. Nur waren die Borkumer Butzen besonders ***liebevoll ausgeschmückt,*** denn vieles, Schnitzereien und dergleichen, hatten die Besitzer in langen Tagen auf See erarbeitet. Raum 6 hat also durchaus mehr zu bieten als lediglich einen Blick in ein Schaufenster mit Schlafzimmermöbeln.

Die Butzen kamen mit Einsetzen des Fremdenverkehrs im 19. Jahrhundert ***allmählich aus der Mode,*** denn die Touristen konnten sich mit den engen Kojen nicht anfreunden - auch nicht im März.

•*Raum 7: Borkumhalle*

Hier befanden sich einst Viehställe und eine Heuscheune. Heute ist Raum 7 das Kernstück des Dykhus und präsentiert einen lebendigen ***Querschnitt durch 150 Jahre Borkumer Inselgeschichte.*** Für Puristen mag das hier Ausgestellte von etwas kunterbunter Zusammensetzung sein. Doch das entspricht einem Stil, der auch im benachbarten (und eng mentalitätsverwandten) Holland überall vertreten ist: Ein Museum ist dort eine *kijkdoos* - eine ***„Guckdose“,*** mithin ein Panoptikum, in dem man sich unterhalten soll,

Dykhus: Borkum-Halle

statt sich mit streng wissenschaftlichen Exponaten zu langweilen. Es ist diverses krauses Zeug dabei, zum Beispiel aus dem Schwimmer eines Wasserflugzeugs gefertigte Kochgeschirre und Wärmflaschen oder auch gräulich kitschige Wedgwood-Porzellane. Aber das gehört eben zur Guckdosen-Philosophie.

• *Raum 8: Rudolf-Akkermann-Halle*

In dieser Halle sind ***Exponate mit einer direkten Beziehung zu See und Strand*** vertreten. Insbesondere hat man dem Rettungswesen den Akzent gegeben, den es gerade auf Borkum verdient. Filetstück der Halle 8 ist das ***Ruderrettungsboot** Otto Hass **aus dem Jahre 1894*** und in postfrischer Erhaltung. 1922 wurde dieses wackere Fahrzeug nach 28 Jahren Dienst am Seemann in die ehrenvolle Pensionierung entlassen, nachdem es an der Rettung von 66 Menschenleben mitgewirkt hatte. Mit berechtigtem Stolz wird eine ***Liste der Rettungsfahrten*** ausgestellt:

23.12.1894	holl. Brigg *Gezina en Thekla:* 8 Mann
19.03.1899	dt. Schleppdampfer *Gladiator:* 7 Mann
26.11.1899	dt. Heringslogger *Nordsee:* 14 Mann
26.11.1899	dt. Heringslogger *Heinrich Daniel:* 14 Mann
27.02.1907	deutsche Bark *Vidonia:* 7 Mann
01.05.1907	holl. Fischkutter *Drie Gebroeders:* 4 Mann
16.09.1911	deutsches Segelboot *Borkum:* 4 Mann
27.10.1913	holl. Tjalk *Navigation:* 2 Mann
03.06.1914	deutsche Galeasse *Navigation:* 4 Mann
08.01.1918	deutscher Vorpostendampfer: 2 Mann

Dykhus: Rudolf-Akkermann-Halle (Heimatmuseum)

Ansonsten sind in der Halle ***diverse Nautiquitäten*** wie Schiffsmodelle, Seekisten, Handwerkszeug von Segelmachern und Schiffszimmerern, dazu Sex-, Ok- und was immer für welche weitere -tanten, Fernrohre und Kompasse ausgestellt. Unter den letzteren wird man sich den ***Kugelkompass T9*** – größter in Deutschland gebauter Kompass mit 6 Litern Flüssigkeitsinhalt! – sicherlich nicht entgehen lassen wollen.

•Raum 9: Naturkundliche Abteilung
Nicht jedermenschs Sache sind bestimmt die ***ausgestopften Vögel*** in Raum 9, auch wenn der Ornithologe *Ferdinand v. Droste-Hülshoff* 1856 darüber ein dickes und richtungweisendes Buch geschrieben hat. Es gibt aber auch viele tröstliche ***Farbfotos,*** anhand derer man sich eine Vorstellung von der insularen Fauna machen kann, und eine ***schöne Muschelsammlung.***

Wie die Faust aufs Auge passt zum genannten Guckdosenkonzept die in einer Ecke dieses Raumes ausgestellte ***Kollektion von Sandproben*** in Flaschen. Etwa 220 Pötte sind's, überschlägig gezählt, und sie enthalten Sand aus aller Welt, darunter „aus dem Staat Waschington“ und „aus dem Freizeitsee Salzgitter“. Der Inselfremdenführer *W. Dykmann* hat diese Sandmassen unermüdlich zusammengetragen, und die Museumbesucher stehen davor und gucken sie sich an. Weitaus faszinierender als der, um die

Wahrheit zu sagen, fürchterlich dröge Sand sind die Physiognomien der Betrachter. Was, fragt man sich, mögen sie angesichts des hellen, dunklen, feinen, groben, fremden usw. Sandes wohl denken? Sand, man sieht es hier, kann eine durchaus kurzweilige Angelegenheit sein, vielleicht ist sogar eine Prise Esoterik dabei.

Kaapen

Die originellen Kaapen waren ***einst Baken (Navigationshilfen)*** und gehören zu Borkums Wahrzeichen. Sie wurden, ursprünglich aus Holz, bereits zu einem frühen Zeitpunkt errichtet: 1628 das Westkaap und sechs Jahre später das Nordkaap, die jeweils in Deckpeilung mit dem Alten Leuchtturm die Einfahrt in die Wester- und Osterems bestimmten.

Die eingängliche ***Leichtbauweise*** war nötig, weil sich die Fahrwasser dauernd verlagerten und die Kaapen deshalb ständig versetzt werden mussten. Erst 1870 baute man die jetzt noch stehenden Kaapen ***aus Stein;*** sie besitzen heute lediglich symbolischen und dekorativen Wert als ***Wahrzeichen*** (siehe Foto auf der Startseite zum Kapitel „Insel-Info A–Z").

Kuh-Kult

Strategisch über die Insel verteilt hat man einige lebensgroße ***Skulpturen friesischer Rindviecher*** als permanente Kunstwerke. Das fand die Borkumer Kurverwaltung offenbar unverzichtbar.

Weil das künstliche Hornvieh geradezu magnetisch zu ***Vandalismen*** einzuladen scheint, kam es aber immer wieder zu Beschädigungen der Exponate, zum Teil sogar zu Totalschäden. Es wird jedoch unverdrossen nachgebaut. Auch zukünftige Besucher Borkums können sich also auf Darstellungen friesischer Kuh-Kult-Objekte freuen. Sie werden lediglich um schonende Behandlung derselben gebeten.

Neuer Leuchtturm

- ***Standort:*** Mitten im Zentrum von „Borkum-City", gleich am Bahnhof, Tel. 77 99.
- ***Offen für Besichtigungen:*** Von April bis Okt. tägl., sonst 3x wöchentlich 10-11.30 und 15-17.30 Uhr oder lt. Aushang am Turm und im Infoblatt. Preis: 1 €.

Wuchtiger Bau: der Neue Leuchtturm

Der Alte Leuchtturm war nach seinem Großfeuer noch gar nicht ganz abgekühlt, da stand (am 19. September 1879) schon der neue. Recht ***imposant*** sieht er aus in seiner Wuchtigkeit. Genau 60,3 m ist er hoch, und man kann ihn erklimmen. Sehr beleibte Menschen sollten vielleicht davon absehen, um nicht auf der ***engen Wendeltreppe*** festzuklemmen. Oben erwartet den Turmbezwinger eine ***Plattform*** und eine konsequente Vergitterung, wegen prospektiver Selbstmörder und Flaschenwerfer wahrscheinlich. Wer ein ***Foto*** machen möchte, kann gerade ein schmächtiges Objektiv durch die Gitterstäbe zwängen; dann schieben auch schon die nächsten Turmbesucher nach und läuten den Abbruch der Fotoexpedition ein.

Aussichtsdünen

Jeweils im Bereich der ***Nord-*** und der ***Süddünen*** befindet sich ein erhöhter Aussichtspunkt mit schönem Blick über den Ort.

Mutter aller Sände

Der ***Schipper Meeuw*** war auf der Rückfahrt von Emden, wo er Ladung für Borkum aufgenommen hatte, auf der Westerems in ***dicken Nebel*** geraten. Mann inne Tünn, er konnte kaum seinen Piepenkopp sehen, so pottendick war das! Und obwohl er das Fahrwasser wie seine Teemuck kannte, war ihm doch 'n büschen beklommen zumute. Denn er hatte, ehrlich gesagt, komplett die ***Orientierung verloren.*** Von der Insel war nix zu sehen und zu hören. Der Ebbstrom lief mächtig seewärts, und jederzeit konnte er auf Schiet brummen. Und da war es auch schon soweit. Mit einem mächtigen Rumms saß die Tjalk auf Grund. War das nun der Möwensteert oder der Südstrand? Fluchend sprang Schipper Meeuw über die Seite, als ein ***Streifen Sand*** sichtbar wurde. Er nahm eine Handvoll davon auf, fühlte ihn, roch daran und sein Gesicht verklärte sich. „Börkum", flüsterte er selig. Denn zweifellos kannte Schipper Meeuw das „Borkum-Lied" von *Rudi Schmidt,* in dessen zweiter Strophe es heißt: „Auf Borkum, da gibt es, das ist weltbekannt, den besten, den feinsten, den weißesten Sand ..."

Sehenswertes

Nordsee-Aquarium

● ***Standort:*** Südstrand (Sonnenterrasse).
● ***Öffnungszeiten:*** Von Mitte März bis Ende Oktober täglich 10-12 und 14-17 Uhr. Eintritt: Erw. 2,00 €, Kinder 1,50 €, Gruppen ab 10 Personen 1,50 € pro Person, Kinder 0,80 €.

Weder dräut der Weiße Hai dort, noch entzückt pittoresk das Seehündchen. Das Nordsee-Aquarium hält sich, seinem Namen gerecht, an ***Seegetier, das in unmittelbarem Umkreis von Borkum vorkommt,*** und verzichtet auch nicht auf so genannte niedere Formen. Wohl nicht von niederschmetterndem Eindruck auf eingefleischte Aquaristen, aber nett aufgezogen und informativ. Die Betreiber lassen es sich auch nicht nehmen, individuelle Fragen zu beantworten - man stelle sie.

Feuerschiff

● ***Standort:*** Nordwest-Ecke Schutzhafen, Tel. 20 30.
● ***Öffnungszeiten:*** In der Saison täglich außer Mo ab 9.45 Uhr. Eintritt 3 €, Kinder ab 6 Jahren 1,50 €. Ein Besuch des Schiffsinnern ist nur im Führungsbetrieb mög-

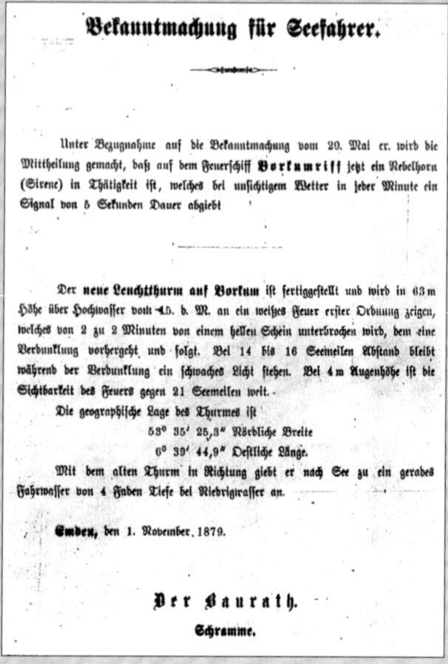

Bekanntmachung für Seefahrer.

Unter Bezugnahme auf die Bekanntmachung vom 20. Mai cr. wird die Mittheilung gemacht, daß auf dem Feuerschiff **Borkumriff** jetzt ein Nebelhorn (Sirene) in Thätigkeit ist, welches bei unsichtigem Wetter in jeder Minute ein Signal von 5 Sekunden Dauer abgiebt

Der **neue Leuchtthurm auf Borkum** ist fertiggestellt und wird in 63 m Höhe über Hochwasser vom 15. d. M. an ein weißes Feuer erster Ordnung zeigen, welches von 2 zu 2 Minuten von einem hellen Schein unterbrochen wird, dem eine Verdunklung vorhergeht und folgt. Bei 14 bis 16 Seemeilen Abstand bleibt während der Verdunklung ein schwaches Licht stehen. Bei 4 m Augenhöhe ist die Sichtbarkeit des Feuers gegen 21 Seemeilen weit.

Die geographische Lage des Thurmes ist

53° 35′ 25,3″ Nördliche Breite
6° 39′ 44,9″ Oestliche Länge.

Mit dem alten Thurm in Richtung giebt er nach See zu ein gerades Fahrwasser von 4 Faden Tiefe bei Niedrigwasser an.

Emden, den 1. November, 1879.

Der Baurath.
Schramme.

Bekanntmachung für Seefahrer

Unter Bezugnahme auf die Bekanntmachung vom 20. Mai cr. wird die Mittheilung gemacht, dass auf dem Feuerschiff **Borkumriff** jetzt ein Nebelhorn (Sirene) in Thätigkeit ist, welches bei unsichtigem Wetter in jeder Minute ein Signal von 5 Sekunden Dauer abgiebt.

Der **neue Leuchtthurm auf Borkum** ist fertiggestellt und wird in 63m Höhe über Hochwasser vom 15. d. M. an ein weißes Feuer erster Ordnung zeigen, welches von 2 zu 2 Minuten von einem hellen Schein unterbrochen wird, dem eine Verdunklung vorhergeht und folgt. Bei 14 bis 16 Seemeilen Abstand bleibt während der Verdunklung ein schwaches Licht stehen. Bei 4 m Augenhöhe ist die Sichtbarkeit des Feuers gegen 21 Seemeilen weit.

Die geographische Lage des Thurmes ist:

53° 35' 25,3" Nördliche Breite
6° 39' 44,9" Oestliche Länge.

Mit dem alten Thurm in Richtung giebt er nach See zu ein gerades Fahrwasser von 4 Faden Tiefe bei Niedrigwasser an.

Emden, den 1. November 1879.

Der Baurath.
Schramme

lich: 10.45, 11.45, 13.45, 14.45 und 16.15 Uhr. Im Winter Di, Do, Sa 13.15 und 14.45 Uhr. Terminabsprachen für spezielle Führungen, Seminare und Umwelttraining sind möglich. Ein Besuch des Feuerschiffs kann auch als Tour bei der Borkumer Kleinbahn (Tel. 30 90, Eintritt: 5 €) gebucht werden.

Vor Borkum dehnen sich ***zwei der gefährlichsten Untiefen der Nordsee,*** das Hohe Riff und das Borkumriff. Immer wieder gerieten Schiffe auf diese tückischen Sände und wurden zu Totalverlusten. Im Lauf der Zeit entstand hier ein wahrhafter ***Schiffsfriedhof*** mit zahllosen Wracks, die der ständig in Bewegung befindliche Mahlsand umgehend unter sich begrub.

Zu Beginn des 19. Jahrhunderts wurde deshalb der ***Ruf nach einer Navigationshilfe*** immer lauter. 1874 - so lange sollte es noch dauern - gab man diesem endlich statt. In Emden wurde das ***Feuerschiff Borkumriff gebaut*** und im Oktober 1875 auf 53 Grad 51 Minuten nördlicher Breite und 6 Grad 26 Minuten östlicher Länge in Position gebracht. Hinfort spendete ein moderner „Erleuchtungsapparat" ein tröstliches ***Licht über dem trügerischen Seegebiet,*** und bei schlechter Sicht trötete verlässlich die „Calorische Syrenenanlage", das heißt das ***Nebelhorn*** des tüchtigen Schiffchens. „Dem vom Weltmeere heimkommenden Schiffer ertönt als erster heimischer Gruß das Dröhnen der Sirene, und mit ihr warnen die drei auf- und niederschaukelnden Lichter des Feuerschiffes von Borkum-Riff vor diesem Leichensteine des friesischen Bodens, der zugleich als Kirchhof der Schiffe verrufen ist", beschreibt ein damaliger Text die Neuerung.

Für die ***Verbindung mit dem Land*** sorgte schon früh eine Brieftaubenpost. Das alles klingt erheiternd altertümlich, doch die *Borkumriff* hatte immerhin bereits eine Destillationsmaschine an Bord, die Trinkwasser aus der See bereitete, und bald gesellte sich die Funkentelegraphie zu diesen Neuerungen.

Das Feuerschiff war, wie noch ausgeführt wird, Vorreiter auf diesem Gebiet. 1902 wurde ein

neues Feuerschiff desselben Namens in Dienst gestellt, 1911 das nächste, ein gutaussehendes und seetüchtiges ***Fahrzeug mit eigener Maschine.*** Im Jahr darauf kam sogar ein unbemanntes, ***vollautomatisches Feuerschiff*** zum ergänzenden Einsatz - sag da einer, die Wegrationierung von Arbeitsplätzen wäre nicht schon zu Kaisers Zeiten aktuell gewesen! 1921 zog man diese „Großboje" wieder ein, weil sich die Nordsee als zu rau für ihren Betrieb erwiesen hatte.

1936 ***ging das Feuerschiff Elbe 1 im Orkan unter,*** wobei die gesamte Mannschaft ums Leben kam. Man zog aus diesem Unglück einige Lehren für den Bau einer neuen *Borkumriff.* Doch der sollte noch lange auf sich warten lassen. Zunächst kam der ***Krieg,*** dann die Minengefahr, dann die knappe Kasse. Erst 1956 wurde der Veteran endlich ***aus dem Verkehr gezogen*** – um prompt als „Piratensender Veronica" eine neue Karriere anzutreten. 1964 (!) landete das unverwüstliche Fahrzeug auf dem Schrotthaufen.

Die „Borkumriff"
im Schutzhafen

Die dritte und letzte *Borkumriff* ging 1956 auf Position. Dies ist das Schiff, das ***heute im Borkumer Schutzhafen*** liegt und dort besichtigt werden kann. 32 Jahre lang versah dieser treue Wächter seinen Dienst auf hoher See, wetterte manchen Kuhsturm ab, wurde einmal (1963) gerammt und war als Leitstelle in zahlreichen Seenotfällen instrumental. Am 28. Februar 1988 ging die *Borkumriff* in den wohlverdienten Ruhestand, und an ihre Stelle trat - wieder - ein unbemanntes Feuerschiff (UFS) mit dem wenig romantischen Namen *TW Ems*.

Auf alten Bildern sieht man das ***Feuerschiff*** übrigens des öfteren ***unter Segeln.*** Die Landratte fragt sich dann wahrscheinlich, was das auf dem verankerten Fahrzeug soll. Es gibt mehrere Gründe dafür. Die beiden ersten Feuerschiffe (die auf den bewussten Bildern) waren noch gar nicht mit Maschinen ausgerüstet. Wenn die Ankerkette brach - was nicht selten vorkam -, mussten sie unter Segeln Raum suchen. Außerdem liegt das Schiff vor Anker durch die Segel immer genau im Wind und „schwojt" somit nicht ständig hin und her; dies trägt zur Entlastung der Ankerkette bei. Und weiterhin wirken die Segel in so genannter Stützfunktion Rollbewegungen entgegen. Die Jungs an Bord wollten ja nicht ständig aus der Koje purzeln - oft genug sind sie's nämlich.

Das Feuerschiff dient der Nationalparkverwaltung „Niedersächsisches Wattenmeer" als permanentes ***Ausstellungszentrum*** für Borkum und Umgebung und bietet zahlreiche interessante Informationen über diesen Lebensraum. Die Öffnungszeiten sind mit jenen für das Feuerschiff als solchem identisch.

Seenotkreuzer im Schutzhafen

In unmittelbarer Nähe des Feuerschiffs liegt die *Alfried Krupp*, der im Januar 1995 ein schreckliches Unglück widerfuhr (s.u.). Man kann den Kreuzer vom Kai in Augenschein nehmen, Betreten und Besichtigen sind nicht drin. Das wäre bei dem Wachbetrieb und der Enge des Schiffchens auch gar nicht machbar.

Der Untergang der Teeswood

864 Bruttoregistertonnen vermaß die *Teeswood,* ihr Baujahr war 1915. Der ***kleine britische Steamer*** gehörte zu der Veteranenflotte, die noch lange nach dem 2. Weltkrieg in der Nordsee umherschipperte und alles und jedes beförderte.

Die *Teeswood* hat 1050 Tonnen Hochofenschlacke von Immingham (England) nach Emden an Bord, eine Ladung sehr nüchterner Art. Am 27. November 1951 geht der Dampfer bei stürmischem Wetter auf die 300 Seemeilen lange Reise. Gegen Mittag des nächsten Tages liegt Terschelling querab. Der Sturm ist zum ***Orkan*** angewachsen, und die *Teeswood* arbeitet schwer in riesigen achterlichen Seen. Um 16 Uhr wird die Emsmündung erreicht, die Ansteuerungstonne Hubertgat ausgemacht. Genau zwei Stunden und zwei Minuten später ***schmettert die See den Frachter*** wie mit einer Riesenfaust ***auf die Sände*** nordöstlich der Insel Rottumeroog gegenüber von Borkum – Ende der Reise. Versuche, mit eigener Maschinenkraft abzukommen, bleiben erfolglos. Kapitän *Crawford* lässt ***SOS*** funken.

Um 18.35 läuft das ***Rettungsboot*** *Borkum* mit nur drei Mann Besatzung aus. Eine Stunde später kommt der Havarist in Sicht. Die *Teeswood* ist bereits im Begriff, in zwei Stücke zu zerbrechen.

Innerhalb gewaltiger Brechseen fährt Vormann *Wilhelm Eilers* zwanzig Anläufe an den bereits im Mahlsand versinkenden Frachter. Unter Hinnahme schwerer Beschädigungen des Rettungsbootes und Verletzungen der Rettungsmänner gelingt es in dreistündiger Arbeit, ***13 Mann der 15-köpfigen Besatzung der Teeswood abzubergen.***

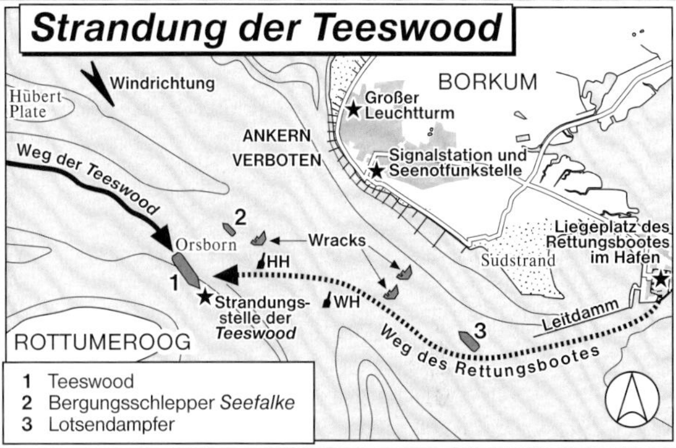

Zwei Seeleute werden über Bord geschlagen und verschwinden in den tobenden Fluten.

Um 21.35 Uhr macht das Boot im Hafen von Borkum fest. Alle drei Männer erhalten im Folgejahr ***hohe Auszeichnungen für ihren tapferen Einsatz.***

Leider ist das einzige vorliegende Stück ***Literatur über dieses maritime Drama,*** ein Heftchen von *Fritz-Otto Busch,* etwas salopp geschrieben. Da ergehen sich die Retter auf dem Höhepunkt des verzweifelten Dramas in munteren Zurufen – „prima Scheinwerfer!" –, man kloppt sich im heulenden Orkan burschikos auf die Schulter, und zum Schluss haut Mudder Meeuw die Eier „über den zischenden Speck". Seedramen sollten von richtigen Seefahrern geschildert werden – auch wenn's dann manchmal weniger blumig klingt.

Informatives,
Besinnliches,
Lustiges

Inselgeschichte

Was bedeutet „Borkum“ eigentlich?

Burchanis

Burchanis nannte der ***griechische Forschungsreisende Strabo*** (66 vor bis 24 nach Christus) die Insel in der Emsmündung, als er vor der Zeitenwende die Nordseeküste beschrieb. Wenn man ein wenig in den Wörterbüchern blättert, findet man ***boûrkos = griech. „Schlamm, Morast“,*** und da mag in der Tat etwas dran sein. Mediterranen Touristen dürfte sich die Insel, obwohl viel ausgedehnter, in ihrer elementaren Topographie damals kaum anders als heute dargeboten haben: Ein Haufen Sand auf hoher See und auf die Festlandsküste zu jede Menge gubbeliges Schlickwatt: *boûrkos.* (Diese Erklärung erscheint mir jetzt naheliegender als eine eingänglich von mir vermutete und in meinem Buch „Ostfriesische Inseln“ dargelegte Ableitung von *barka* = griech. „Schiff“, denn es gibt keinen ersichtlichen Anlass für eine Vokalverschiebung.)

Burcana fabria

Der römische Schriftsteller und Geograph *Plinius der Ältere* (23 bis 79 nach Christus) war ein weiterer prominenter Borkumchronist aus südlichen Gefilden. Er übernahm *Strabos* Bezeichnung bereitwillig und latinisierte sie zu Burcana, und auch ihm fiel der allgegenwärtige ***Matsch*** auf, denn er notierte: „Indem sie [die Küstenbewohner und Insulaner] den mit den Händen ergriffenen Schlamm mehr im Winde als in der Sonne trocknen, erwärmen sie ihre Speise und die vom Nordwind erstarrten Glieder durch Erde …“

Plinius war es, der dem Burcana noch ein ***fabria*** anhängte, was ***„Bohnen"*** bedeutet, denn selbige wurden offenbar dort zu seiner Zeit angebaut. Dieses Anhängsel macht Borkum jedoch nicht automatisch zur „Bohneninsel", als die sie in lokaler Literatur stets aufs Neue auftaucht, denn es sagt nichts über den Stammnamen aus. Außerdem ging es später wieder verloren.

Borcum

Das ***-um*** schließlich ist die übliche friesische Endung für „-heim". Seit Ende des 14. Jahrhunderts erscheint dieser Suffix in zunächst ***verschiedenen Schreibweisen;*** von *Borkun, Borkyn, Borkinna, Borkna* ist die Rede und ab 1462 dann von *Borcum* und *-kum*. Die prinzipiell namensgebende Vorsilbe bleibt also stets erhalten und trägt die Bedeutung bis in die Neuzeit hinüber: „Ein Ort, wo Schlamm ist". Das ist nur eine Hypothese meinerseits, aber man kann sich vielleicht mit ihr anfreunden.

Borkum und die Römer

Rom und der Norden

Um die Zeitenwende befand sich ***Rom auf dem Höhepunkt seiner Ausdehnung und Macht.*** Den größten Teil Europas hatte sich das Römische Reich einverleibt und die Bewohner manches einst wilden Landstrichs zu zivilisierten Steuerzahlern erzogen.

Auch in den Gebieten ***östlich des Rheins und nördlich der Donau*** wäre man gern so verfahren. Doch dort wohnten ***arme Schlucker,*** „plattsinnige Rapunzelfresser" *(Der Spiegel)* in einer den damaligen Begriffen entsprechenden Dritten Welt. *Julius Cäsar* unternahm als erster Römer (im Jahre 59 v. Chr.) demonstrativ einen Schritt in dieses Armenhaus, aber was er dort sah, verdross ihn. Allein das Klima („neun Monate Winter und kein Sommer") ließ den sonnengewohnten Italer zurückschrecken.

Römische Okkupation

Die grobschlächtigen ***Nordmänner bedrohten*** indes ***die Pax Romana,*** indem sie auf der Suche nach grüneren Wiesen des öfteren die römischen Demarkationen berannten. Im Jahre 16 vor Christus war das Maß voll; *Kaiser Augustus* holte zum ***Gegenschlag*** aus, sogar persönlich. Er und seine Legionen überquerten die Alpen und besetzten den heutigen deutschen Süden; im Norden unterwarf der hitzköpfige Feldherr *Drusus,* gerade 26 Jahre alt, die Küstenbewohner. Auch die ***Insel Burcana*** fiel dabei in seine Hände - „nach einer Belagerung", wie es heißt. Ob sich das bei der geringen Bevölkerungszahl lohnte, ist fraglich. Auf jeden Fall ankerte die Flotte vor Borkum, und 9 vor Christus waren die Mündungsgebiete von Ems, Weser und Elbe in römischem Besitz. Der forsche *Drusus* konnte diesen Triumph jedoch nicht mehr auskosten, denn ein schmählicher Sturz vom Pferd raffte ihn dahin.

Varusschlacht

Die Romanisierung der Nordseeküsten mit allen interessanten entwicklungsgeschichtlichen Konsequenzen hätte vielleicht ihre Fortsetzung gefunden, wenn es nicht im Jahre 9 nach Christus am Kalkrieser Berg in der Nähe des heutigen Osnabrück zur Varusschlacht gekommen wäre, bei der eine etwa 25.000 Mann starke ***komplette römische Armee durch germanische Guerilleros aufgerieben*** wurde. Chatten, Brukterer und Cherusker waren die Protagonisten dieses fürchterlichen Gemetzels, an dessen Ende dem durch Selbstmord entleibten Feldherrn *Varus* noch auf dem Scheiterhaufen der Kopf abgeschlagen wurde – die Germanen waren damals Europas Indianer.

Neue römische Vorstöße

Um *Varus'* Tod zu rächen, stieß sechs Jahre später eine ***große Streitmacht unter Germanicus,*** Sohn des Drusus, nach Barbarien vor. Von der Ems versuchten die Römer zum Schauplatz der Varusschlacht zu gelangen, möglicherweise, um die Gebeine der Gefallenen beizusetzen. Doch obwohl die Chauken an der Küste dieses Mal friedlich waren und sogar zu helfen versprachen, wurde Germanicus ***um ein Haar dasselbe Schicksal wie Varus*** zuteil. Nur mit äußerster Mühe konnte er sein Heer vor den üblichen Guerilla-Attacken im sumpfigen Binnenland retten und brach darauf den Feldzug ab.

Schon im Jahr darauf war er indes wieder da, dieses Mal als ***Führer einer riesigen Flotte,*** speziell mit geringem Tiefgang für die Wattfahrt konstruiert. Und wieder ging's unternehmenslustig an Borkum vorbei die Ems hinauf. Der ***Chronist Tacitus berichtet von diesem Feldzug:***

„ … Anfangs rauschte das Meer vom Ruderschlag der tausend Schiffe, und man fuhr unter Segel. Bald aber ballte sich schwarzes Gewölk, und es schüttete der Hagel. Zugleich brachen Regenböen von allen Seiten los und nahmen bei unbekannter Meerestiefe die Sicht, hinderten die Steuerung … Hierauf kam der Wolkenzug und zumal das ganze Meer in des Südwindes Gewalt. Dieser packte die Schiffe, warf sie auseinander in die offene Nordsee oder nach den Inseln hin. Nun konnte man nicht vor Anker liegen, nicht die eindringenden Fluten ausschöpfen. Pferde, Zugtiere, Gepäck, sogar Waffen warf man über Bord.

Hierdurch wollte man die Schiffe erleichtern, die an den Seiten leck geworden waren und in die von oben her die Wogen schlugen.

Vernichtend war jene Niederlage, da sie in dem Umfange noch nie dagewesen. Ein Teil der Schiffe wurde vom Meer verschlungen, mehrere strandeten an weit entlegenen Inseln. Die Soldaten wurden dort beim Fehlen jeglicher Kultur vom Hunger hinweggerafft, ausgenommen jene, die von dort angetriebenen toten Pferden gelebt hatten.

Nur der Germanicus Dreiruder landete im Chaukenlande. Alle jene Tage und Nächte hindurch hatte er sich als Schuldigen an diesem ungeheuren Misserfolg angeklagt. Kaum konnten ihn seine Kameraden hindern, dass er im selben Meere den Tod suchte ..."

Diese dramatische Schilderung ist allerdings etwas im Zeitraffer gehalten. Die Römer waren durchaus heil angelangt, und sie hatten dem Feind in der Nähe der Porta Westfalica sogar eine schwere Niederlage bereitet. Das ***Unheil*** brach ***über die römische Flotte*** erst herein, als sich *Germanicus,* angeblich wegen der fortgeschrittenen Jahreszeit, mal wieder auf dem Rückzug befand. Auch gingen keineswegs alle Schiffe verloren, sondern das Gros sammelte sich nach und nach wieder, und der glücklose Feldherr machte seiner Enttäuschung Luft, indem er den Chatten und Marsern noch ein paar Schläge versetzte. Doch diese ***kleinen Teilsiege der Römer*** retteten die verlorene Sache nicht mehr. Der römische Kaiser berief *Germanicus,* den Erfinder des in späteren Kriegen fleißig praktizierten taktischen Rückzuges, von der Szene ab und entließ ihn ehrenvoll in den Vorruhestand.

Nach dieser Pleite ist nur noch einmal von einem römischen Vorstoß in die Region die Rede, und zwar dem ***Feldzug des Corbulus gegen die Chauken,*** nachdem selbige anno 28 ein paar römische Legionäre, die Tribute eintreiben wollten, schlicht aufgeknüpft hatten. Auch diese Aktion endete mit einer ***römischen Schlappe,*** doch interessant ist, was der vorerwähnte Geograph *Plinius d. Ä.,* der als „Kriegsberichterstatter" mit von der Partie war, über die Einheimischen zu sagen hat:

Die Chauken aus römischer Sicht

„Gesehen haben wir im Norden die Völkerschaften der Chauken", notierte er, „die die größeren und die kleineren heißen. In großartiger Bewegung ergießt sich dort zweimal im Zeitraum eines Tages das ***Meer*** über eine unendliche Fläche und offenbart einen ewigen Streit der Natur in einer Gegend, von der es zweifelhaft ist, ob sie zum Lande oder zum Meer gehört.

Dort wohnt ein ***beklagenswertes Volk auf hohen Erdhügeln,*** die mit den Händen nach dem Maß der höchsten Flut errichtet sind. In ihren erbauten Häusern gleichen sie Seefahrern, wenn das Wasser das sie umgebende Land bedeckt, und Schiffbrüchigen, wenn es zurückgewichen ist und ihre ***Hütten*** gleich gestrandeten Schiffen allein dort liegen. Von ihren Hütten aus machen sie nach dem Zurückweichen des Meeres ***Jagd auf die zurückgebliebenen Fische.*** Ihnen ist es nicht vergönnt, Vieh zu halten, sich von Milch zu ernähren wie ihre Nachbarn, ja nicht einmal wilde Tiere zu erbeuten, da jedes Buschwerk fehlt ..."

Und: „Diese Völker sagen, wenn sie heute vom römischen Volk besiegt werden sollten, seien sie dann Knechte. In Wirklichkeit aber ist es bei ihnen so. Das Schicksal schont viele, um sie zu strafen."

Ein interessanter Fund

Im Jahre 1789 ***entdeckte nach einem heftigen Sturme*** der damalige Prediger *Nicolai* auf Borkum auf einer hohen Außenbank, „westnordwestwärts vom Borkumer Thurm ein ausgedehntes Feld vom besten Klei, ***wahrscheinlich eine Warf und Dorfstätte,*** denn es fanden sich daselbst 9 Brunnen in ziemlicher Entfernung von einander in gerader Linie gelegen, worunter 9 ***Tonnenbrunnen,*** die übrigen von geschnittenen Rasen sehr zierlich aufgesetzt. Am merkwürdigsten war die Entdeckung eines nahe dabei im Westen befindlichen, ***grossen runden Platzes,*** 90 Fuss im Durchschnitt, welcher aus einer doppelten Reihe sehr zierlich geschnittener Rasen künstlich zusammengefügt war. An der östlichen Seite dieses Platzes fand sich abermals ein Brunnen, ebenfalls von Kleirasen aufgesetzt. Sowohl ausserhalb als innerhalb jenes Rasenzirkels fanden sich viele Stücke von ***zerbrochenen Urnen,*** eben der Art, wie sie im Drentheschen vorkommen. Baumwurzeln von grosser Ausdehnung zeigten sich in einiger Entfernung von dem grünen Platze im Boden noch sehr deutlich, ostseits nahe dabei lag eine grosse Menge ***Knochen*** und Köpfe von Schafen aufeinander gehäuft. An einem andern Ort, gleichfalls in der Nähe, lag ein Haufen altes Eisen, grosse Nägel oder Rungen u. dergleichen, vermuthlich Stücke eines Wracks. In geringer Entfernung davon zeigten sich noch zwei kleinere, vollkommen zirkelrunde ***Rasenplätze,*** jeder über 40 Fuss im Durchmesser, 50 Fuss breit, an beiden Seiten in grader Linie mit einer doppelten Reihe im länglichen Viereck geschnittener Rasen aufgesetzt. Abgebrochene Baumstämme, Wasserpflanzen und Blätter derselben, gleicher Art wie man sie noch jetzt in den Schlöten des Marschlandes findet, waren noch deutlich zu erkennen. Weiterhin lag ein grosses, ungepflügtes Feld, wovon die sehr genau an einander schliessenden Furchen noch zu erkennen waren, und zwar alles in ein Stück zusammengepflügt, ohne Aecker. Der genannte Prediger vermuthete, dass der grosse Rasenzirkel ein Tempel gewesen. - - Die Anwesenheit der Urnenscherben zeigt aber auch, dass es zugleich ein Begräbnisshügel war, vielleicht ein heiliger Hain, nach den vielen im Boden steckenden Baumwurzeln zu urtheilen. - - Der Entdecker liess zwar an verschiedenen Stellen nachgraben, ob vielleicht noch sonstige Merkwürdigkeiten sich finden möchten, doch fand man nichts mehr und nach Verfluss eines halben Jahres war alles wieder mit Sand überschwemmt."

Aus: Müller-Reimers, 1893.

Nieder-gang Roms

Mit diesen ominösen, aber durchaus nicht realitätsfernen Worten ***verabschiedete sich die Weltmacht Rom aus Nordgermanien*** und kehrte nie dorthin zurück. Im 5. Jahrhundert brach das Imperium Romanum unter dem Ansturm der rastlos südwärts flutenden Barbaren schließlich zusammen. Auch die Bewohner der deutschen Nordseeküsten gerieten offenbar in den Sog dieser mächtigen Wanderbewegung, denn die Historiker verzeichnen um das 4. und 5. Jahrhundert eine auffällige ***Entsiedlung der Region.***

Borkum im Mittelalter

Keine Zeit-zeugnisse

Der Unterschied zwischen der berichtsfrohen römischen Epoche und den darauffolgenden „bleiernen" Jahrhunderten ist eklatant. Heute noch lässt sich Diverses über die germanische Küstenregion und sogar ganz spezifisch über die Insel Borkum nachlesen, das sich vor nunmehr zweitausend Jahren ereignete. Danach versinkt die ganze Nordwestecke des heutigen Deutschlands im ***Dunkel des Schweigens.***

Nennenswerte Kulturträger haben in jener Periode also nicht im Borkumer Raum gelebt. ***Keine steinernen Zeitzeugnisse*** tauchen auf; es hat mit Sicherheit auch keine Burgen und Schlösser gegeben. Es ist Sache der Archäologie, die damaligen Verhältnisse zu rekonstruieren, und selbst die tut sich da schwer.

Borkum entsteht aus Bant

Wenig Zweifel gibt es heute, dass sich Borkum den Augen seiner römischen Besucher als Teil einer damals großen Insel geboten haben muss, die das heutige Juist und den Memmert einschloss und die, es war sogar von einer Belagerung die Rede, bewohnt war. Diese ***Großinsel*** geistert als ***Bant*** durch die Küstenhistorie, und bald gab es sogar zwei davon: Im 9. und 10. Jahrhundert entstanden nach einem Durchbruch der Osterems das (kleinere) ***westliche Bant*** und ein größeres ***östliches Bant.*** Letzteres war noch 1470 mit 17 Quadratkilometern ein beachtlicher Brocken, schmolz jedoch immer mehr zusammen und verschwand 1743 endgültig als Sandbank in der See. Der Westteil findet in den spärlichen Annalen zunächst überhaupt keine separate Erwähnung mehr; dies ist jedoch das Stück Bant, von dem das jetzige ***Borkum*** schließlich verblieb.

Vereinzelte Funde

Was immer im heutigen Borkum von der See freigespült oder von Archäologen ergraben wird: Es ist nichts dabei, das sich ins erste nachchristliche Jahrtausend oder noch früher einordnen ließe. Der *Pater Nicolai* fand 1789 einige ***alte Siedlungsreste,*** die nicht näher datiert werden konnten (siehe Exkurs „Ein interessanter Fund"), und 1983 stieß man im Nordstrandbereich des Ostteils auf ein ***verrottetes***

Brunnenfass, um das viel Aufhebens gemacht wurde. Mit einigem Recht, denn es stammt, zusammen mit ein paar ***Tonscherben,*** wahrscheinlich aus dem Jahr 1240 (plus/minus ein paar Jahre) und ist mithin das älteste auf den Ostfriesischen Inseln gefundene Artefakt. Eine früher entdeckte so genannte Kugeltopfscherbe wurde sogar in das 11. oder 12. Jahrhundert datiert; irrigerweise vielleicht, denn später ist von ihr nicht mehr die Rede.

Wieder was los auf Borkum

Was auch immer: Wer war es, der diese armseligen Objekte dort hinterließ? Zu Beginn des 2. Jahrtausends gerät auf Borkum die Lokalgeschichte wieder etwas in Bewegung. Die Insel war jetzt mehr schlecht als recht ***christianisiert,*** und die weite ***Bucht*** in ihrem Südosten, das Hopp, besaß genügend Tiefe, um selbst ***großen Schiffen das Ankern*** zu erlauben. Die Triremen (Dreiruder) des *Germanicus* hatten hier wahrscheinlich schon gelegen, und danach die Wikinger. 1227 versammelte sich im Hopp eine ***friesische Flotte zum Kreuzzug*** *versus terram sanctam* (gegen das Heilige Land), und anno 1270 wetterte ein ähnliches Geschwader im Schutz der Bucht einen Monat lang widrige Winde ab. Ein Jahrhundert später machten sich dann die berühmt-berüchtigten ***Vitalienbrüder*** Borkum als Zwischenstation für ihre Seeraubzüge zunutze und legten dort ein längeres Intermezzo ein.

Vitalienbrüder und Strandjer

Seeraub macht Spaß

Das seltsame Wort ist eine Korrumpierung von ***„Viktualienbrüder“.*** Der ***Begriff*** wurde während des schwedisch-dänischen Krieges 1389-95 geprägt, als freischaffende Ostseefahrer sich zusammengetan hatten, um das belagerte Stockholm mit Viktualien (= Lebensmittel) zu versorgen. Außerdem war die Bruderschaft durch ***Kaperbriefe*** der Hansestädte Wismar und Rostock berechtigt, dänische Schiffe aufzubringen, was natürlich viel Spaß bereitete. Das wilde Leben gefiel den rauen Gesellen so gut, dass sie nach dem Krieg als ***Seeräuber*** weitermachten; an Beute war in Nord- und Ostsee kein Mangel.

Claus Störtebeker

Zum ***Führer der Vitalienbrüder*** hatte sich ein gewisser *Claus Störtebeker* aufgeschwungen, so genannt, weil er einen Humpen mit Bier in einem Zug hinunterzustürzen vermochte (eine stolze Leistung, wenn man bedenkt, dass in einen solchen Becher vier Liter hineinpassten). Die Bremer und Hamburger ***Kaufleute,*** denen der Pirat das Leben schwer machte, waren davon allerdings weniger beeindruckt. Sie versuchten dem Freibeuter mit allen Mitteln das Handwerk zu legen, mussten sich jedoch zunächst in Geduld fassen. Der prominente Räuberhauptmann hatte sich nämlich an der ostfriesischen Küste mit dem ***Stützpunkt Marienhafe*** verschanzt, wo er, nie knapp bei Kasse, bei den dortigen Häuptlingen große Sympathien genoss. Dass ihm das vorgelagerte ***Borkum*** des öfteren als ***Zuflucht vor Sturm und Verfolgern*** gedient haben muss, ist kaum zu bezweifeln; es bot sich von der Lage her geradezu dafür an.

Der sagenhafte Störtebeker (Kupferstich von Daniel Hopfer, um 1520). Als Vorlage für dieses Phantasie-Porträt fungierte ein Bildnis des Kunz von Rosen, Hofnarr Kaiser Maximilians I.

Schätze auf Borkum

Der Legende nach soll er sogar einen Teil seiner gewaltigen Schätze, spezifisch einen mit Gold gefüllten Schiffsmast, ***in den Woldedünen auf Borkum verbuddelt*** haben:

Indien de Wolde-Duinen konden spreken,
Wenn die Woldedünen könnten sprechen,

zou het Borkum nooit aan geld gebreken.
würd's Borkum nie an Geld gebrechen.

Also auf Borkumfahrt nicht den Feldspaten vergessen, Leute!

Störtebekers Ende

Den trinkfesten *Störtebeker,* der den Armen an den Küsten als eine Art Robin Hood galt, ereilte leider bald das Ende. Ein aus drei Schiffen bestehender Teil seiner Flotte wurde auf der Osterems, also in unmittelbarer Nähe Borkums, ***von einer überlegenen hanseatischen Streitmacht vernichtet.*** (Deshalb vielleicht die Mär von den Woldeschätzen? An solch alten Geschichten ist manchmal etwas dran. Tatsache ist, dass von *Störtebekers* märchenhaften Reichtümern niemals auch nur ein Stück gefunden wurde). Dem Chef selbst gelang zunächst die ***Flucht nach Helgoland;*** die Häscher holten ihn dort jedoch im Jahre 1401 ein, schafften ihn nach Hamburg und schlugen ihm und 130 seiner Genossen den ***Kopf ab.***

Große Zeit der Scharfrichter

„Man fragt ums Was und nicht ums Wie, / Ich müßte keine Schiffahrt kennen; / Krieg, Handel und Piraterie, / Dreieinig sind sie, nicht zu trennen." So lässt *Goethe* im „Faust" den Mephisto seufzen. Mit der Enthauptung des Herrn *Störtebeker* war das ***Zeitalter der Piraterie*** an den Nordseeküsten ***noch lange nicht zu Ende.*** Besonders im 15. und 16. Jahrhundert feierte der Seeraub lustige Urständ, und die Bremer und Hamburger Scharfrichter hatten gut zu tun.

Unter den letzteren nahm ***Claus Flügge*** eine herausragende Position ein. Dieser tüchtige Mann brillierte mit der Kunst, sechs Köpfe auf einen Streich fliegen zu lassen. Dazu, darf man annehmen, müssen ganz schöne Muckis und ein verteufelt scharfes Schwert gehört haben!

Andere Art der Piraterie

Genau genommen hätte auch die Praxis, ein havariertes oder ***am Strand angetriebenes Schiff auszuplündern,*** als Piraterie gelten müssen. Doch das sah man an der Nordsee nie so eng. Ein solches hilfloses Fahrzeug war Freiwild, und ganze Horden von Insulanern lebten einträglich vom ***„Strandjen",*** wie man das Treiben unschuldig umschrieb.

Schon zu einem frühen Zeitpunkt wurde dieser Strandraub von höchster Stelle sanktioniert, indem man die ***Beute nach einem genauen Verteilerschlüssel*** zu ihren neuen Besitzern lenkte: Den Löwenanteil erhielt der Fürst, einen weiteren ansehnlichen Batzen der Strandvogt, und für Finder und Berger blieben letztlich auch noch ein paar Brocken übrig. So ist es nicht verwunderlich, dass sich Strandjer und Vögte, wie gleich noch zu lesen sein wird, über angeschwemmtes Strandgut immer wieder in die Haare gerieten, dass die Insulaner ihr bestes taten, Angetriebenes möglichst schnell diskret verschwinden zu lassen.

Strandgut

Sie waren in vieler Hinsicht darauf angewiesen. Auf Borkum zum Beispiel gab es so gut wie kein ***Holz,*** weder zum Bauen noch zum Brennen. Die Holzkonstruktionen vieler alter Häuser auf der Insel sind ausschließlich aus den Spanten und Masten verunglückter Schiffe gefügt. Könnten sie sprechen, hätten sie sicherlich manches aufregende Garn zu erzählen.

So sind wir auf einige Überlieferungen in den Inselchroniken angewiesen, die von diesem nur halb legalen Tun berichten. Manches davon liest sich recht lustig, zum Beispiel, wenn mal wieder ein ***Fass Rotwein*** in der Brandung rollte, worauf sich alles gewaltig einen hinter die Binde goss, bevor der Vogt (und später der Zoll) von dem Fund erfuhren.

Unterlassene Hilfe

Die tragische Kehrseite dieser Medaille war, dass die gleichzeitig ***in Not befindlichen Seeleute*** bei diesen Vorgängen eher im Wege waren. Man murkste sie zwar nicht ab - jedenfalls steht kein solcher Fall zu Buch -, aber man kümmerte sich schlicht nicht um sie, und wenn die armen Sailors dabei absoffen, dann krähte kein Hahn nach ihnen. Erst die Gründung der Deutschen Gesellschaft zur Rettung Schiffbrüchiger führte, wie zuvor erwähnt, zu einer einschneidenden Änderung der Verhältnisse.

Informatives

Weitere Entwicklung

Ärger mit den Vögten

Unter dem Namen „Borkun" erscheint die Insel erstmalig auf einem Dokument, und zwar am 11. September 1398. Zu diesem Zeitpunkt mögen 70-80 Menschen dort gewohnt haben, karg und einsam, aber von der großen Festlandspolitik unberührt in ***goldener Freiheit.*** Karg blieb's auch weiterhin, aber mit der Freiheit war es von diesem Tag an vorbei.

Albrecht, Herzog von Bayern und Graf von Holland, vergab die Inseln vor seiner Küste nämlich als Lehen an ihm wohlgesonnene Häuptlingsfamilien in Ostfriesland - so einfach war das damals. Borkum fiel an *Witzel,* den unehelichen Sohn *Ocko tom Broks* aus Marienhafe. Und dieser Unedle hatte nichts Eiligeres zu tun, als einen ***Vogt auf das Eiland*** zu schicken, um dort eine Verwaltung in Gang

Die Deutsche Gesellschaft zur Rettung Schiffbrüchiger

Seemann sein heißt, zum Leben und zum Sterben doppelt bereit zu sein.
Hans Leip

Wenn in vergangenen Jahrhunderten ein Schiff an den Küsten der Nordsee verunglückte, so richtete sich das alleinige ***Augenmerk der Menschen an Land auf die Beute,*** die bei dieser Havarie zu machen war. Diese auf ein uraltes, weltweit anzutreffendes „Gebrauchsrecht" gestützte gewissenlose Praxis betrieb man, auch auf Borkum, bis weit ins 19. Jahrhundert.

Der Zufall eher wollte es, dass die Insel zum Schauplatz eines Geschehens wurde, das endlich einen Stein ins Rollen brachte. Es war der ***Schiffbruch*** des unter der Flagge von Hannover fahrenden Seglers *Alliance* am 10. September 1860, der eine ganz neue Entwicklung an den deutschen Küsten auslösen sollte. Das Unglück geschah in bequemer Sichtweite des Borkumer Strandes, wo die Insulaner alle Hände voll zu tun hatten, das ***Strandgut*** des völlig zertrümmerten Havaristen aufzuklauben. Der ***Tod der neunköpfigen Besatzung*** ließ die Strandjer ungerührt.

Nur ein zufällig anwesender „Kurgast" beobachtete das Treiben mit wachsender Empörung und verfasste kurz darauf einen ***Bericht*** darüber in der Presse. Dieser Artikel trug im wesentlichen zur ***Gründung der Deutschen Gesellschaft zur Rettung Schiffbrüchiger*** am 29. Mai 1865 bei, in der die geläuterten Borkumer noch manche heldenhafte Rolle spielen sollten.

Der Zeitpunkt dafür kam reichlich spät. 1824 bereits hatten die ***Engländer*** und die ***Niederländer*** ein organisiertes Rettungssystem in Gang gebracht. 1854 war dagegen vor Spiekeroog das ***deutsche Auswandererschiff*** *Johanne* mit erschreckenden Verlusten im Sturm gestrandet, ohne dass sich etwas gerührt hätte. Nachdem die DGzRS ins Leben gerufen worden war, musste man jedoch den Eindruck gewinnen, dass die wackeren ***Rettungsmänner Versäumtes aufzuholen bemüht*** waren. In offenen Ruderbooten entrissen sie allein in den ersten 25 Jahren 1772 Menschen der See. Bis heute fischten die Fahrzeuge des nur auf der Basis freiwilliger Spenden betriebenen Unternehmens mit Zentrale in Bremen über 50.000 See- und andere Leute aus den Fluten der Nord- und Ostsee.

Die ***Borkumer*** waren dabei ***besonders aktiv,*** denn die gefährliche Untiefe vor ihrer Tür gab Anlass zu immer neuen Notrufen. Bereits 1862, also noch bevor die DGzRS ihre Tätigkeit aufnahm, war ein Boot auf der Insel stationiert, und alsbald gesellten sich zwei Rettungsstationen dazu. Das ***erste Motorrettungsboot,*** die *Carl Laeisz,* wurde 1918 auf Borkum eingesetzt. Im Laufe der nächsten Jahrzehnte erhielten die Borkumer Retter ***immer wieder Auszeichnungen*** für ihre kompromisslosen und erfolgreichen Aktionen.

Aber sie mussten auch ***schwere eigene Verluste*** hinnehmen ... Im November des Kriegsjahres 1940 ***verschwand das Borkumer Motor-***

rettungsboot *Hindenburg* nach einer Einsatzfahrt. Ein Mann der sechsköpfigen Besatzung trieb neun Tage später tot am Nordstrand der Insel an. Da die Leiche keine Verletzungen aufwies, spekulierte man, dass eine zunächst vermutete Minenexplosion nicht der Auslöser des Unglücks gewesen sein könnte. Die Frage, was aber dann zum Untergang des Bootes geführt haben mochte, blieb unbeantwortet. Bis heute ist das Verschwinden der *Hindenburg* eines der vielen ungelösten Rätsel der See. Den ums Leben gekommenen Rettungsmännern wurde an der Deichstraße ein Gedenkstein gesetzt.

Rund zehn Jahre danach vollbrachten Borkumer Rettungsmänner mit der ***Abbergung von 13 Seeleuten*** des vor der Insel gestrandeten englischen Frachters *Teeswood* eine der kühnsten Taten in den Annalen der Seefahrt. Um ein Haar wäre das Einsatzboot dabei selber ein Opfer der tobenden Nordsee geworden (s. Exkurs „Der Untergang der Teeswood").

Am 2. Januar 1995 drehte der Blanke Hans den Spieß erneut um, und ***zwei Borkumer Retter fanden den Tod.*** Der hochmoderne Kreuzer *Alfried Krupp*, mit dem sie auf Einsatzfahrt in Richtung Holland waren, wurde von einer Serie gewaltiger Grundseen gepackt, um sich selbst gedreht und schwer havariert. Dabei riss ein enormer Brecher den Maschinisten *Theo Fischer*, 51, der sich als Ausguck auf dem Fahrstand befunden hatte, über Bord. Während des Versuchs, die restlichen drei Besatzungsmitglieder des manövrierunfähigen und bis um 100 Grad rollenden Fahrzeugs per Hubschrauber abzubergen, kam Vormann *Bernhard Gruben*, 53, ebenfalls ums Leben. Die zwei überlebenden Männer, schwer verletzt und unter Schock stehend, wurden gerettet. „Das bleibt das Restrisiko der See, das nicht auszuschalten ist", sagte ein Sprecher der DGzRS lapidar dazu, ganz ähnlich, wie es *Hans Leip* oben formuliert hat.

Spenden an die Gesellschaft sind steuerlich absetzbar (Konto: 100233800, Bremer Bank, BLZ 29080010). Sie finanzieren keinen administrativen Wasserkopf, sondern eine Rettungsorganisation mit Hand und Fuß und vorzeigbaren Leistungsbilanzen. Jeder Küstenbesucher und Inselfahrer kann in die Lage kommen, wie die zuvor im Buch erwähnten beiden Wattwanderer einmal dringend auf das Rettungswerk angewiesen zu sein. Ein Beitrag, und sei er noch so klein, ist deshalb immer auch ein wenig im eigenen Interesse.

Hamburger Kümo mit neun Mann an Bord im Sturm verschollen

HE Hamburg, 14. Oktober – Ist der Hamburger Kümo „Marianne Wehr" mit Besatzung gesunken? Hat der Sturm, der mit Windstärke 9 und 11 auch heute morgen die Nordsee peitschte, [illegible] gefordert? Seit heute morgen ist das

Zwei Jachten aus Seenot gerettet

„Georg Breusing" im Einsatz / Auf dem „Hohen Riff" festgekommen

BORKUM. In diesen Tagen meldeten gegen Abend auf der Ems befindliche Schiffe, daß an der niederländischen Küste eine Jacht mit schwerer Schlagseite gesichtet worden sei. Der Seenotrettungskreuzer „Georg Breusing" lief sofort von Bor[kum] an die Jacht heran [illegible]

Schiffe funk[...]

Vor der deutschen Nordseek[üste]

Hamburg. (AP) Im Bereich der deutschen Nordseeküste sind in der Nacht zum Freitag mehrere Schiffe in Seenot geraten, wobei ein Frachter gesunken ist.

Wie die Deutsche Gesellschaft zur Rettung Schiffbrüchiger in Bremen mitteilte, kollidierte am Freitagvormittag [...] Insel Norderney der 2208

Griechen-Frac[...] vor Insel N[...]

Nach Kollision mit holländis[...]

KW Norderney (Eig. Ber.). Nach einer [...] Motorschiff „Esbeek" (1112 BRT) sank am [...] „Bergum" (2208 BRT) elf Meilen nördlich [...] Besatzung gelang es, die 15 Seeleute de[...]

Die auf Norderney und Borkum stationierten Rettungskreuzer [...]

zu bringen. Mit anderen Worten: Um die Freiheiten der Insulaner zu beschneiden, ihnen ***Steuern*** und ***Pachtgelder*** abzupressen und ihnen mit ***allerlei Verboten*** überhaupt das Leben möglichst sauer zu machen. Das gelang.

Die folgenden Jahrzehnte waren angefüllt mit ***Zwistigkeiten und Streitereien*** zwischen den Insulanern, dem Vogt und dem Pastor, der als dritter Pol in diesem Triumvirat eine schlichtende Funktion zwischen den beiden ersteren innehatte. Anno 1454 gingen die Lehensrechte an die ostfriesischen Landesgrafen unter *Ulrich Cirksena* über, doch für die Borkumer änderte sich dadurch nichts. Im Jahre 1586 begann man genauer Buch über die kommunalen Ereignisse zu führen, und die erste Eintragung ist dann auch gleich ein Sündenfall: Der amtierende ***Vogt wird am Strand gemeuchelt,*** der Täter entkommt. Auch die nachfolgenden Verwalter bekleckerten sich nicht alle mit Ruhm. Wiederholt ist von ***Unterschlagungen*** und Unregelmäßigkeiten die Rede, von ***Unbrauchbarkeit*** und unglücklicher Wahl, von Vernachlässigung der Amtspflichten und Zoff mit der Bevölkerung. 1858 schaffte man das undankbare Amt ab.

Meer nagt an Borkum

Als der *Ostfriesen-Witzel* sich zum Lehnsherrn Borkums aufschwang, hatte das Eiland gerade eine besonders destruktive Phase durchmachen müssen. Ein Brocken nach dem anderen war ***von der einstigen Großinsel Bant bereits abgerissen*** worden: In der Johannisflut von 1164, der entsetzlichen Allerheiligenflut von 1170, der ersten Marcellusflut von 1219, der Lucasflut von 1287 und der Clemensflut von 1334.

Dazu gesellte sich, wie Geologen heute wissen, eine empfindliche ***Landsenkung.*** Die zweite Marcellusflut vom 16. Januar 1362 war es wahrscheinlich, die den alten Geestrücken, welcher der Insel unterliegt, mittendurch schnitt und ***Borkum in West- und Ostland teilte.*** Auf der ersten bildlichen Darstellung der Insel, einer Seitenansicht Borkums des niederländischen Hydrographen *Cornelius Anthonisz* aus dem Jahre 1541, ist das ***Eiland dreigeteilt.*** Im 17. Jahrhundert staken bei jedem Hochwasser gar vier Einzelinseln aus der Flut, lediglich bessere Dünenkuppen. Die älteste brauchbare Karte Borkums stammt aus dem Jahre 1713. Auf ihr, der so genannten Tönnies-Karte, erscheinen wieder zwei separate Inseln, das West- und das Ostland, getrennt durch den ***Tüskendör*** („Zwischendurch"), eine tiefe und 2 km breite Rinne.

Das ***Ostland*** wurde erst 1752 besiedelt und zum Teil urbar gemacht. Ob es in früherer Zeit schon einmal bewohnt war, ist nicht dokumentiert; nach einem Vogtbericht aus dem 17. Jahrhundert sollen dort ein paar Häuser gestanden haben, die später jedoch wieder verschwanden. Auf dem Westland wurden anno 1713 jedenfalls 468 Seelen gezählt.

Gegenmaßnahmen

Bereits 1574 waren ***Landschaftsschutzgesetze*** erlassen und, weil sie offenbar nicht griffen, 1628 mit zusätzlichen Zähnen versehen worden. Bei hochnotpeinlichen Strafen wurde den Borkumern auferlegt, ihre Insel gefälligst beisammen zu halten, weil, so ein Bericht aus dem Jahre 1650, „dahero fast sehr zu besorgen, dass woferne dem wütenden Meere der rigell nit baldt verleggt wird, dieß Eyland (welches sonsten neben anderen dießer Graffschafft eine brustwehr ist) von den continue hefftig darauff antringenden wellen weitterß abgeschlagen, weggespühlett." Trotzdem änderte sich an dem „gefährlichen und betrübten Zustand mitt dem Eylande Borkumb" prinzipiell wenig. Erst die Preußen brachten ab 1744 ***System in den Inselschutz,*** sonst wäre Borkum letzten Endes vielleicht doch noch weggespühlett worden.

Die Ära des Walfangs

Männer auf Walfang

Dem wütenden Meere einen Riegel vorschieben ... Dies war, wie man heute sagen würde, eine sehr personalintensive Aufgabe. Und das Personal hatte gerade um diese Zeit die Insel verlassen; es war kaum noch jemand da, der sich zum Sandschaufeln hätte rekrutieren lassen. Ab ungefähr 1700 erlebte Borkum nämlich einen großen ***ökonomischen Aufschwung.*** Auslöser desselben war der Walfang, auf den an früherer Stelle schon kurz die Sprache gekommen war. Zu diesem Broterwerb verdingte sich die ***Mehrzahl der männlichen Inselbevölkerung*** auf zunächst niederländischen, später Emder und Hamburger Schiffen und ließ die Insel jedes Jahr von Frühling bis Herbst annähernd verwaist zurück.

Wahre Story?

Das ***„Weiberdorf"*** Borkum zog offenbar sogar Besucher an, die den Strohwitwen Trost spenden wollten. Witzig klingt ein Intermezzo, von dem *Goethe* vielleicht gesagt hätte: *„Si non è vero, è ben' trovato* - wenn's schon nicht wahr ist, so ist's doch gut ersonnen". Ein böser ***Räubersmann*** und seine Bande hatten es auf die Borkumer Deerns abgesehen, die da monatelang freudlos zu Hause saßen, während ihre Gatten mit dem Wal kämpften. Doch die ***Damen*** verkleideten sich als Mannsleute, zerrten sogar eine ***Kanone*** auf den Strand und heizten den prospektiven Strohwitwentröstern so ein, dass dieselben die Flucht ergriffen und

Schaluppe beim Angriff auf einen Wal. (Radierung, 1813)

letztlich mit ihrem Kahn versanken. Die Story klingt allerdings mehr nach männlichem Wunschdenken; so etwas phantasiert sich auf langen Reisen in der arktischen Einsamkeit leicht zusammen.

Hinaus auf See

Wie dem auch sei: Der Walfang gewann eine solche Bedeutung, dass zwei prustende Meeressäuger sogar in das Stadtwappen Borkums aufgenommen wurden. (Noch heute sind die beiden Wale dort vertreten). An Mannschaften fehlte es nicht. „Wer hält sie auf dem Hof, wenn sie die See gerochen haben?" Nicht nur die ***Armut auf der Insel*** – Landbau und Viehwirtschaft reichten in keinem Haushalt für die Ernährung aus – zog die Männer hinaus, auch das ***Abenteuer*** lockte. Keine Entbehrung war den Jungkerls zuviel, um zur See zu fahren.

Leben auf den Walfangschiffen

Das Leben auf den Walfangschiffen konnte man wahrlich selbst mit größtem Wohlwollen kein Zuckerschlecken nennen. Etwa 45 Seeleute teilten sich einen für höchstens 12 Männer vorgesehenen Platz inmitten eines dunklen, dumpfen, kalten und ***stinkenden Schiffsraums,*** bei ***mieser Kost*** und ***hygienischen Verhältnissen,*** die heute einen Schweinezüchter in Abwehr versetzen würden. Nicht einmal Toiletten gab es auf den Seelenverkäufern. „Es darf kein Mensch aufm Schiff seinen Behuf tun", heißt es in einem zeitgenössischen Bericht, „es sei denn, dass er sehr krank ist, sondern muss hinaus auf den Schiffborden treten, mit einer Hand die Hosen und mit der anderen ein festgemachtes Tau, sich anzuhalten, ergreifen, obgleich das Schiff im vollen Segeln hin- und herschwankt."

Risiken des Walfangs

Der riskante „Behuf" war das kleinste Übel. Vielen Walfängern wurden ***Sturm und Eis*** zum tödlichen Verhängnis. 1734 fehlte 40 Borkumer Familien (bei 120 Haushalten) der Ernährer; die ***Männer waren „geblieben",*** wie es an der Küste noch heute heißt. Manchmal wehrte sich auch der bedrängte Wal gegen die Plagegeister, die ihm nach dem Leben trachteten. Ein Eintrag im Borkumer Kirchenbuch aus dem Jahre 1759 berichtet: *„Den 10. Juni is Cornelis, zoone van Sede Focken, varende met de Commandeur Gerrit Jansen Visscher, in Straat Davis, in de sloep zijnde, door een walvisch omgeslagen en verdronken."* – „Am 10. Juni ist Cornelis, Sohn des Sede Focken, auf Fahrt mit dem Kommandeur Gerrit Hansen Visscher, in der Davis-Straße mit seiner Schaluppe von einem Wal umgeschlagen worden und ertrunken."

1854 ***verunglückte der Emder Grönlandfahrer Activ.*** Im Journal des Kieler Schiffes *Nordstern* wurde die ***Rettungsaktion*** verzeichnet: „... 5 Mann vom Eise geholt, wovon nur noch einer lebendig gewesen, dem aber anjetzo die Füße verfrohren und wahrscheinlich beyde Beine, bis ans Knie verliehren musste. An denselben Eisschollen waren 2 Schaloppen vom Schiff Activ entzweygeschlagen, 5 Mann waren zugleich ertrunken, 7 Mann hatten sich noch fürs erst auf den Eisschollen gehalten, bis sie nach und nach für Kummer und Kälte umgekommen, 2 Mann waren todt weggespült, und die anderen 4 Todte waren im Eise eingefroren gewesen ..." Und so geht es weiter und fort in den Journalen und Kirchenbüchern. Letztere allein zählen über 70 ***Borkumer Unfallopfer*** auf: „Gebleven im lys" und „erslagen vom Cachelot".

1775 lag der Oberwaler *Meyer,* 65-jährig, ***im Eis festgeklemmt:*** „Sie befanden sich am 13. August auf der Breite von 68° 48'. Lagen mit ihrem Schiff an einem Schots [Eisfeld] und sägten von ihrem Schiff Eisschollen. Am Abend kam das Eis sehr stark auf sie zu und kriegten ein großes Eisstück unter ihr Heck, so dass durch den starken Druck ihr Achterschiff hoch und zur Seite drängte. Während der folgenden Nacht waren es 2½ Fuß. Schließlich lag das Vorschiff 3½ Fuß tiefer als das Achterschiff und blieben in der Pressung bis zum 15. August. Am 20. August morgens war besseres Wetter, jedoch kam unerwartet eine gewaltige Eispressung auf, von so einer unbegreiflichen Art und Kraft, dass das Schiff mit einem Schlag untergeschnitten wurde. Dann haben sie sich aus Zelten, dann auch aus Eis Behausungen gemacht, um sich auf dem Eis zu erhalten, mit den Lebensmitteln, die sie aus dem Schiff und dem Wasser gerettet hatten ..." Am 10. September wurden die Robinsons dann glücklich von einem anderen Schiff abgeborgen.

Ein anderer *Meyer (Folkert Pieter)* lief im gleichen Jahr aus. Er muss aus ähnlichem Holz wie sein Namensvetter geschnitzt gewesen sein. Schon auf der Ausreise gingen

Die Gefahren des Walfangs (Radierung, 1820)

Fockmast und Bugspriet ***im Sturm zu Bruch.*** Doch frischfröhlich segelte man weiter: *„Stompen op rigt en na groenlandt gevoren* – Stümpfe aufgeriggt und nach Grönland gefahren." Zwei Reisen später (1777) kam dieser Kommandeur in einem schweren Eisjahr ums Leben.

Jan Grindet fror 1754 ein, und sein ***Schiff,*** die *De Unie* aus Emden, ***begann auseinanderzubrechen.*** Ohne fremde Hilfe, mit Lecksegeln und ständiger Pumperei brachten die Waler das Derelikt sicher nach Emden, eine Großtat in den Annalen der Seefahrt. Von den Profiten dieser Reise erwarb sich *Jan Grindet* einen kleinen Küstensegler. 1770 strandete er damit vor Juist und ertrank.

Tragisch ging auch die Ausfahrt dreier Borkumer Kommandeure im April 1784 in der Elbmündung aus. Ein Schiff wurde ***im Orkan zum Totalverlust,*** die anderen beiden strandeten. Unter den zahlreichen Toten waren elf Borkumer.

Erträge des Walfangs

Bei allem Risiko gab es jedoch reiche Erträge für die Lebenden, und die meisten Insulaner mit Einschluss von Witwen und anderen Hinterbliebenen profitierten mehr oder minder davon. Borkum stellte im Lauf der Jahrzehnte ***23 Kommandeure,*** wie man die Walfangkapitäne damals nannte, und sie alle kehrten mit ***vollen Taschen aus der Kälte zurück.*** Der Kommandeur *Roelof Gerritsz Meyer* war der Champion unter den Schlächtern; bis ins hohe Alter fuhr er (insgesamt 44mal) hinaus und harpunierte seinen Reedern ***für eine Million Gulden Beute*** zusammen. Im heutigen Borkum ist sogar eine Straße nach ihm benannt.

Walknochen in Borkum heute

An mehreren Stellen im Ort zieren, für ökologisch bewusste Menschen bestimmt etwas makaber, frühere Jagdtrophäen in Gestalt von Walknochen die Perspektive. Man hat sie zu ***Zäunen, Torbögen*** und in einem Fall (beim Alten Leuchtturm) gar zu ***Grabmarkierungen*** verarbeitet. Die alten Gerippe, obwohl grauverwittert und unscheinbar, tragen erheblich zu Borkums Faszination bei und zählen zu den meistfotografierten Objekten des Ortes.

Schäden des Walfangs

Es haftet ihnen immer noch eine Aura des rauen Abenteuers an, das unserer Freizeitparkgesellschaft weitgehend abhanden gekommen ist. Dem Herrn *Meyer* muss man verzeihen; er wusste nicht, was er tat, war nur hinter den Gulden her. Er und seine Konsorten richteten allerdings erhebliche Schäden an. Bereits in der zweiten Hälfte des 18. Jahrhunderts gingen die ***Walbestände spürbar zurück*** und wurden dann immer kleiner. Bis auf den heutigen Tag gelang es ihnen nicht, sich von der damaligen Schlachterei wieder ganz zu erholen.

Walfängerlied

Wollt Ihr mal ein Untier sehn,
dann müsst Ihr hin nach Grönland gehn.

Komdür in't Kreinnest süht all'n Wal
und brüllt nu „Fall! Fall! Öwerall!"

Stürmann zielt auf den Walfisch los
und gibt ihm den Harpunenstoß.

Der Stürmann spricht: „Muss selber sehn,
muss selber auf dem Eise gehn!"

Er haut ihm ab den dicken Kopf.
Das Speck wird in ein Fass gestopft.

Franzosenzeit und Seebadgründung

Harte Zeiten

Bald gab es nichts mehr ins Fass zu stopfen. (Später startete noch einmal eine gigantische Metzelei in der Antarktis, aber daran hatten die Borkumer keinen Anteil). Nicht nur war es der ***Rückgang der Erträge aus dem Walfang,*** der für Borkum harte Zeiten mit sich brachte. Unklugerweise hatten viele Insulaner ihre dieserart erworbenen ***Vermögen*** in niederländischen Staatspapieren angelegt, die bei Ausrufung der Batavischen Republik im Jahre 1795 plötzlich auf einen Bruchteil ihres Nominalwerts sanken. Auch waren im Zeichen des Neureichtums lange die ***Äcker und Höfe der Insel vernachlässigt*** worden. Als der Domänenrat *Johann Conrad Freese* 1786 die Insel besuchte, befand er, dass die dortigen „Frauenzimmer" wohl fleißiger sein könnten.

Walknochenzaun

Französische Besatzung

1811 gesellte sich eine Periode französischer Besatzung zu diesem Elend und machte alles noch schlimmer. Dieser Phase ging *Napoleon Bonapartes* ***Sieg über Preußen*** bei Jena und Auerstädt voraus (1806), in dessen Folge Ostfriesland und die Inseln den Niederlanden zugeschlagen wurden, wo der Bruder des Korsen König war. 1810 flatterte gar die Trikolore über dem Friesenlande. Um seinem Hauptfeind Großbritannien zu schaden, verhängte *Napoleon* die ***Kontinentalsperre;*** britische Waren durften nicht eingeführt werden. Für die Insulaner war dies natürlich eine Aufforderung zu fröhlichem ***Schmuggeln,*** insbesondere mit Helgoland, das weiterhin in englischer Hand geblieben war. Um diesen Schleichhandel zu unterbinden, wurden die Eilande, mit Einschluss Borkums, ***von französischen Truppen besetzt.***

Das Borkumer Kontingent war immerhin 300 Mann stark, obwohl *Napoleon* jeden Soldaten für seinen Mehrfrontenkrieg brauchte. Um die Präsenz der Besatzungsmacht zu unterstreichen, wurde in den Jahren 1811-12 eine Befestigungsanlage gegen eine mögliche englische Landung gebaut, die so genannte ***Franzosenschanze.*** Dass die Borkumer für diese Arbeiten zwangsverpflichtet wurden, muss ihnen gewaltig gestunken haben, denn immer wieder wird in der Lokalgeschichte die ausbleibende Zahlung für den Job moniert. Die Invasion kam nie, wenn auch am 27. Juni 1811 eine englische Kaperbrigg keck im Hopp ankerte und sich sogar einen ganzen Tag Zeit ließ, um zwei ausgebüchste Borkumer Matrosen wieder einzufangen. Heute ist von dem Gemäuer nur noch wenig vorhanden, denn das Grundstück wurde 1954 zum Teil eingeebnet und bebaut, ohne auf historische Hintergründe Rücksicht zu nehmen.

Borkum völlig verarmt

Die Franzosenzeit ließ Borkum völlig verarmt zurück, denn die Besatzer hatten sich aufgeführt wie die Axt im Walde. Mit Landwirtschaft, Fischerei und einigem Strandjen wurden die nächsten Jahre mühsam überbrückt. Der Großteil der Borkumer ***verließ sogar die Insel,*** deren Erträge weder zum Leben noch zum Sterben reichten.

Licht am Horizont

Doch alsbald zeichnete sich ein neuer Lichtstreif am Horizont ab. Bereits 1797 nämlich war die nahe gelegene Insel ***Norderney zur „wohlthätigen Seebadeanstalt"*** erkoren geworden, und dort rollte jetzt der Rubel. Im wahrsten Sinne des Wortes sogar, denn diverser europäischer Adel mit Einschluss des russischen Fürstenhauses hatte Norderney „entdeckt" und verbriet im dortigen Spielkasino das Volksvermögen. Davon wollten die Borkumer auch etwas abhaben!

Anfänge als Seebad

Zwar ließ der ***Durchbruch*** noch einige Jährchen auf sich warten. Aber anno 1846 war es dann so weit. Ein „Landchirurgus" namens *Ripking* hatte kränkliche Knaben im herben Seeklima wieder gesund gemacht; die Sache sprach sich herum, und noch im gleichen Jahr konnte Borkum ***bereits 300 „Kurgäste"*** verzeichnen. Anfangs war die Saison recht kurz, zumal nur alle vierzehn Tage ein Schiff vom Festland anlegte. 1850 war Borkum offiziell „Seebad". Die ersten Badegäste kamen überwiegend aus Emden. Dessen Amtsinhaber ließen sich auf dem zivilisationsfernen Eiland gerne mal für ein Wochenende oder ein paar Tage richtig gehen, mit „Nachtmütze, Schlafrock und Pantoffeln" – wie man sich damals halt einen zünftigen „Ausstieg" vorstellte. Diese ***angenehm lockere Atmosphäre*** hielt sich bis zu Beginn des 20. Jahrhunderts. „Übertriebenen Luxus und weltstädtisches Treiben gibt es hier nicht", heißt es in einem zeitgenössischen Text. „Ungezwungenheit im geselligen Verkehr, Unterhaltung und Vergnügen in ***Einfachheit*** und ohne Aufdringlichkeit, vor allem aber ***Ruhe*** und Erholung. Das sind die Vorzüge des Borkumer Badelebens." Man sah seitens der Badeverwaltung nicht einmal Veranlassung, die lediglich nach Ruhe suchenden Gäste mit Kurmusik zu unterhalten.

Neue Dimensionen

Schon bald jedoch nahm diese friedvolle Szene neue Dimensionen an. 1904 gibt der einstige Inselstammgast *Wilhelm Busch* einen Bericht seines Neffen *Otto* wieder, der wenig Entzücken durchklingen lässt: „Dies Borkum,

Der Gesangverein Meereswogen
veranstaltet am
Sonntag, den 19. Mai d. Js.,
eine Lustfahrt
nach Norden über Emden-Außenhafen.
Abfahrt von Borkum morgens 5 Uhr.
Ankunft in Norden morgens 10.21 Uhr.
Abfahrt von Norden abends 6.59 Uhr.
Abfahrt von Emden abends 8.30 Uhr.

Aktive sowie passive Mitglieder haben freie Dampferfahrt bis Emden-Außenhafen und zurück.

Fahrpreis für Nichtmitglieder bis Emden-Außenhafen und zurück **3.10 Mk.**

Fahrkarten für die Eisenbahnfahrt von Emden-Außenhafen bis Norden und zurück sind ebenso wie die Karten für die Dampferfahrt in den Geschäften von **Paul Scharphuis und D. C. Schilling** zu haben.

Zur Teilnahme an obiger Lustfahrt ladet höflichst ein **Der Vorstand.**

scheint's ist gegen früher kaum mehr wieder zu erkennen. Statt vom Landungsplatze auf harten Bretterwagen in's Dorf zu rumpeln, fährt man gelinde per ***Eisenbahn.*** Am Strande, wo sonst die bescheidene Giftbude stand, erheben sich jetzt ***große Hotels*** ..." Das idyllische Dorfbild veränderte sich rasch, alte Gebäude wurden ganz oder teilweise abgerissen, Straßenzüge radikal verlegt. Der Tourismus begann zu brodeln und zog eine regelrechte ***Souvenir-Industrie*** nach sich, deren Angebot sich wenig von der heutigen „Airport Art" unterschied: *Kitsch as kitsch can.* Und dazu fiedelte lustig die neu engagierte 14köpfige ***Kurkapelle.***

Strenge Bade-sitten

Nun war es auch - wieder mal - aus mit goldenen Freiheiten. Nicht etwa öffnete sich das Eiland jetzt fröhlichem Badeleben, sondern vermittels einer ganzen Serie von ***Reglementierungen*** war man seitens der Betreiber offenbar eher bemüht, jeglichen Spaß im Keim zu ersticken. Die Strände wurden abgeteilt und Badeordnungen ins Leben gerufen, es gab Bademeister, -kutscher, -wärter und -verwalter, und natürlich wurde strenge ***Apartheid nach Geschlechtern*** geübt. (Effektiv abgeschafft wurde diese erst 30 Jahre später. Wegbereiter dafür war ein Mensch, der hüllenlos eine eher unappetitliche Figur abgegeben hätte: *Joseph Goebbels).*

Auch nicht etwa, dass man einfach ins Wasser gestiegen wäre. Nein, man wurde nach Abgabe einer Blechmarke von professionellen Badern in einer ***geschlossenen***

Umwölkte Klassik

Vom erschröcklichen Baden im Meer

Der vorerwähnte Professor *Lichtenberg* hat uns eine anschauliche ***Beschreibung früherer Badesitten*** hinterlassen, in der er, bräsig wie in einer Physikarbeit, das damalige lockere Treiben beschreibt:

„Man besteigt ein zweirädriges Fuhrwerk, einen Karren, der ein aus Brettern zusammengeschlagenes Häuschen trägt, das zu beiden Seiten mit Bänken versehen ist. Dieses Häuschen, das einem sehr geräumigen Schäferkarren nicht unähnlich sieht, hat zwei Türen, eine gegen das Pferd und den davor sitzenden Fuhrmann zu, die andere nach hinten. Ein solches Häuschen faßt vier bis sechs Personen, die sich kennen, recht bequem, und selbst mit Spielraum, wo er nötig ist. An die hintere Seite ist eine Art von Zelt befestigt, das wie ein Reifrock aufgezogen und herabgelassen werden kann ... In dieses Häuschen steigt man nun, und während der Fuhrmann nach der See fährt, kleidet man sich aus. An Ort und Stelle, die der Fuhrmann sehr richtig zu treffen weiß, indem er das Maß für die gehörige Tiefe am Pferd nimmt ... läßt er das Zelt nieder. Wenn also der ausgekleidete Badegast alsdann die hintere Tür öffnet, so findet er ein sehr schönes, dichtes leinenes Zelt, dessen Boden die See ist, in welche eine Holztreppe führt. Man faßt mit beiden Händen das Seil und steigt hinab. Wer untertauchen will, hält den Strick fest und fällt auf ein Knie, wie die Soldaten beim Feuern im ersten Glied, steigt alsdann herauf, kleidet sich auf der Rückreise an usw. Nach meinem Gefühl war es durchaus hinreichend, drei- bis viermal kurz hintereinander im ersten Glied zu feuern."

Bademoral 1932

»Frauen dürfen öffentlich nur baden, falls sie einen Badeanzug tragen, der Brust und Leib auf der Vorderseite des Oberkörpers vollständig bedeckt, unter den Armen fest anliegt sowie mit angeschnittenen Beinen und einem Zwickel versehen ist. Der Rückenausschnitt des Badeanzuges darf nicht über das untere Ende der Schulterblätter hinausgehen.«

Aus der sog. Zwickel-Verordnung des Regierungsrates Dr. Bracht, »in Wahrnehmung der Geschäfte des Preußischen Ministers des Innern«

Badekarre in den Ozean gerollt und vergnügte sich alsdann wie auch immer in dem engen Kabuff. Hätte sich ein Besucher aus einer badefreudigen Zivilisation, ein Polynesier zum Beispiel, damals in diese Gefilde verirrt, wären ihm das Treiben mit Sicherheit als närrische Groteske und die Mitwirkenden als verschrobene Witzfiguren erschienen. Aber es handelte sich dabei lediglich um Manifestierungen der totalen Entfremdung des europäischen Menschen von der Natur, ein Vorgang, der im heutigen automotiven Zeitalter eher noch weiter fortgeschritten ist, auch wenn man sich am Strand offenherziger denn je gibt.

Kommunikationszentrum Borkum

Seekabel via Borkum

In der ersten Hälfte des 19. Jahrhunderts hatte das neuentdeckte Medium der Elektrizität stürmischen Einzug in die westliche Welt gehalten. Schon 1832 erfand *Samuel Morse* die ***Telegraphie;*** 1844 tickten die ersten „Morsezeichen" in den Vereinigten Staaten, elf Jahre später in Deutschland. Jetzt ging es Schlag auf Schlag. 1858 verband das ***erste Seekabel der Welt*** das englische Cromer und das deutsche Emden – via Borkum. Am 1. Februar 1870 wurde die Insel Zwischenstation für die Telegraphenlinie England-Teheran; im selben Jahr erfolgte die ***„Verkabelung" Borkums mit Juist und Norderney.*** 1879 entstand in Emden das großangelegte Kaiserliche

Telegraphenamt, das über Irland (und Borkum) Anschluss an das Transatlantikkabel besaß. Die ganze Welt wurde jetzt in unerhörtem Tempo verdrahtet; vom ***„Knotenpunkt" Borkum*** strahlten ganze Bündel von Seekabeln ab. 1884 schloss man sogar das ***Feuerschiff Borkumriff*** an ein Kabel an, doch das System bewährte sich bei der Schaukelei nicht. Es wurde ohnehin bald durch ein neues Verfahren verdrängt.

Erste Funkanlagen

1895 kam die ***drahtlose „Funken"-Telegraphie*** zum praktischen Einsatz, an der mehrere Erfinder schon jahrzehntelang herumgebastelt hatten. Auf Borkum entstand die ***erste funktionelle Küstenfunkstation der Welt,*** auf der *Borkumriff* die ***erste mobile Anlage.*** Die Verbindung zwischen der Insel und dem Feuerschiff war die erste praktische Anwendung der neuen Technik überhaupt, die sich im Januar 1901 prompt bei einem Seenotfall bewährte: Das Feuerschiff hatte sich im Sturm losgerissen und konnte mittels seines Senders Hilfe anfordern. Schon wenig später erhielten auch ***Ozeandampfer Funkanlagen,*** und im Dezember jenen Jahres gelang dem jungen Erfinder *Guglielmo Marconi* sogar der große drahtlose Sprung über den Atlantik - eine Sensation! 1904 wurde das ***Zeichen SOS*** für Notfälle eingeführt.

Fortschreiten der Technik

Im Jahr darauf sollte auf Borkum eine ***Großfunkanlage mit riesigen Antennen*** gebaut werden. Das Gelände bei Norddeich erwies sich jedoch als günstiger für den Betrieb, und deshalb entstand die legendäre Station dort. Am 1. Juni 1907 nahm sie unter dem Rufzeichen KND den Betrieb auf. Die Funkstation Borkum wurde bei Kriegsanbruch

Es war einmal ...

in eine ***Peil- und Nachrichtenstelle der Marine*** umgewandelt und behielt diese Funktion im wesentlichen bis 1945 bei. Die Technologie schritt jedoch ständig voran. Bereits 1925 machte ein Beobachter die sehr neuzeitlich anmutende Bemerkung, dass sich ein in diesem Metier tätiger Ingenieur keine vier Wochen Urlaub leisten könnte, ohne danach angesichts ***völlig veränderter Technik*** ein Vierteljahr frischer Einarbeitung zu benötigen.

Sendeanlagen heute

In der Tat. Heute ist im Zeichen grundlegend veränderter Kommunikationsarten von diesen Anlagen nichts mehr übrig. Auch ein anno 1900 auf der dienstlichen Inventarliste geführter wichtiger Ausrüstungsgegenstand – „1 Spucknapf", unverzichtbar für das priemende Personal – dürfte verschrottet worden sein. Auf Borkum erhebt sich heute ein 1970 errichteter ***Gittermast*** und ***überträgt Radar- und UKW-Daten*** auf das Festland, von wo der Schiffsverkehr auf der Nordsee überwacht und gesteuert wird. Daneben steht der ***ganz neue Leuchtturm,*** rotweiß geringelt. Beides sehr prosaische Konstruktionen. Aber man kann bei Betrachtung des Antennenmastes, höchstes Bauwerk auf der Insel, noch einmal im Geist die alten Zeiten Revue passieren lassen, als die Funkensender knallten

Moderne Sendeanlage

und brutzelten und die Kommunikation eine Kunst war, von der sich der heutige, zu endgültiger Totalität verkabelte Fernsprech- und TV-Konsument gar keinen Begriff macht.

Borkum im 20. Jahrhundert

Fremdenfeindlich

Der weiter oben als Beispiel herangezogene Polynesier hätte in Borkum ***um die Wende zum 20. Jahrhundert*** schlechte Karten gehabt. Die Insulaner waren zum damaligen Zeitpunkt so fremdenfeindlich, dass sie auf von ihren Klischees abweichende Besucher wohl am liebsten mit Pfeil und Bogen losgegangen wären - vielleicht wirkte die Schmach der Franzosenzeit noch nach. Die ***Aggression*** richtete sich mangels anderer Volksgruppen namentlich ***gegen Juden.*** „Drei Kirchen gibts", notierte 1904 *Wilhelm Busch,* der lange Stammgast auf Borkum gewesen war. „Fehlt nur die Synagoge. Damit hapert's jedoch, denn, wie ich vernehme, will die dortige Gesellschaft in ihrer Mitte durchaus keine Juden dulden." In der Tat gab es auf Borkum damals einen Juden - einen einzigen. Der wurde von den willigen Vollstreckern „zur Abwanderung veranlasst". Borkum war somit ***„judenfrei",*** ein Terminus, der sich vor Ort zu einem beliebten Schlagwort entwickelte und später europaweit in grausigen Höhepunkten gipfeln sollte.

Der Wahrheit zur Ehre muss ***heute*** jedoch gesagt werden, dass den Borkumern die damalige Episode fürchterlich unangenehm ist und dass sie gleichfalls nicht versuchen, sie verheimlichend unter den Teppich zu kehren - sie ist in den Annalen des Ortes im Detail nachzulesen.

Hotelbauten

In kurzer Folge entstanden die Hotelbauten, die *Wilhelm Busch* so missfielen, die aber heute das ***klassische Panorama*** ausmachen, das „Borkum City" seinen ganz eigenen Reiz verleiht.

Leider hat man im Bauwahn der Neuzeit einigen Mitgliedern der Betonriege erlaubt, die edle Linienführung entlang der Promenade mit Werken nach ihren eigenen Vorstellungen zu unterbrechen - schade! Sonst hätte sich die Skyline von Borkum vielleicht sogar mal über den *World Heritage Fund* der Unesco schützens- und förderungswürdig erwiesen. Aber diese Chance ist durch die ***geschmacklosen Zweckbauten*** ein und für allemal vertan, verantwortlich dafür zeichnet natürlich niemand mehr.

Wandelhalle

Aber man denkt bereits um. 1911 wurde die große Wandelhalle gebaut, die bald den ***Mittelpunkt des gesellschaftlichen Geschehens*** auf der Insel bildete. Auch dieses gelungene Bauwerk fiel nach dem 2. Weltkrieg der Ummodelei zum Opfer; es sollte unbedingt alles ***modernisiert*** werden. Aus der mondänen Wandelhalle wurde die moderne „Kurhalle am Meer", ein nicht gerade schöner, eckiger Kasten. Heute, nach der Jahrtausendwende, hat

Am Nordbad

man sich auf traditionelle Werte zurückbesonnen und Neu zu Alt gemacht: Die klassische Wandelhalle ist ***wiederauferstanden.*** Die Umbauarbeiten wurden 1998 abgeschlossen.

Kampf gegen die Nordsee

Während beider Weltkriege wurde Borkum als militärische Festung ausgebaut, trug aber keinen nennenswerten Schaden davon. Der einzige und wirkliche Feind war immer die Nordsee.

Der Werdegang Borkums von der ***einstigen Großinsel Bant*** über eine Zwei- bis Vierteilung in früheren Jahren kam bereits ausführlich zur Sprache. Es ist durchaus möglich, dass die Insel im Mittelalter zeitweilig von ihren Siedlern wieder verlassen worden war, weil die ***Bröckelei*** sich als unerträglich erwies. Später musste jedoch mit Deichen und Uferbefestigungen die ***Inselsubstanz gegen die Nordsee verteidigt*** werden, und dieser Kampf dauert bis heute an.

Der Ort Borkum, namentlich dessen Südwestteil, liegt geradezu beängstigend auf einem geographischen Punkt, gegen den sich alle Elemente verschworen zu haben scheinen. ***Gegen Borkum drängen an:***

- die stärksten Winde und die heftigste Brandung sowie der Flutstrom der Westerems,
- der Flutstrom des Hubertgats,
- die vorherrschenden Winde und Windseen,
- der Ebbstrom des Randzelgats.

Uferbefestigungen

Bereits im 17. Jahrhundert entstand der ***erste Deich*** im Osten des Westlandes. 1869 baute man die ***ersten Buhnen,*** im rechten Winkel in den Strom stechende Wälle aus aufgeschütteten Steinen. 1874 kam eine ***Holzwand*** dazu,

Pavillon vor der Wandelhalle

um die Dünen am Davonschwimmen zu hindern. In den nächsten Jahrzehnten folgten immer mehr Buhnen. Trotzdem verlor die Insel im Westen ständig an Substanz, und sogar für den Ort selber wurde die Lage zuletzt bedrohlich. 1932 konstruierte man unter großem Kostenaufwand ***Unterwasserbuhnen,*** um den unaufhörlichen strömungsbewirkten Abtrag an den Stränden zu unterbinden. Der Weisheit letzter Schluss war das nicht. Bei der Sturmflut des Jahres 1962 gab es schwerste Schäden. 1973 wurde ein aufwändiges ***Deckwerk aus Asphaltbeton*** hingeklotzt - nicht gerade schön, aber überlebensnotwendig - und 650.000 Kubikmeter Sand aufgespült. Das Jahr 1975 sah die Vollendung des ***Neuen Seedeichs*** an der Wattseite - der Blanke Hans kam dort durch die Hintertür gekrochen und setzte den Flugplatz unter Wasser. Im Mai 1984 wurden 550.000 Kubikmeter ***Sand*** zwischen Buhne 14 und 22 versenkt. Im Sommer 1987 mussten ***neue Buhnen*** gebaut und Sand nachgeschüttet werden. Zwei Jahre später waren schon wieder Buhnen fällig. 1996 platschten 40.000 Tonnen ***Wasserbausteine*** in die Außenems, um den Ufersand festzuhalten.

Und so geht es weiter. Angesichts des unaufhaltsam steigenden Meeresspiegels wird man den ***Kampf mit immer härteren Bandagen*** austragen müssen. Langeweile ist auf Borkum jedenfalls nicht zu erwarten, keinen Moment.

Borkums berühmteste Gäste

Wilhelm Busch

Des öfteren verfielen prominente Persönlichkeiten dem Reiz der westlichsten Insel Deutschlands; die Urwüchsigkeit Borkums zog sie offenbar an. Einer der ersten dieser Kategorie war der Dichter *Wilhelm Busch,* und er war bestimmt auch der berühmteste. Er machte dort von 1876 bis 1879 allsommerlich Ferien, obwohl ihm auf seiner ersten Fahrt eine seekranke Dame, wie er professionell-humorig notierte, eine Art Pastetenfüllung ins Ohr verpasste. Auf Borkum dichtete er dieses und jenes, darunter auch den Vierzeiler:

So lange Herz und Auge offen,
Um sich am Schönen zu erfreun,
So lange darf man freudig hoffen,
Wird auch die Welt vorhanden sein.

Anno 1879 bat ihn die „Beschließerin" des dortigen „Köhlers Strandhotel" (heute Hotel Europa), *Hermine,* um ein paar Verse. Der prominente Gast, wahrscheinlich schon durch den poetischen Namen *Hermine* angeregt, erfüllte den Wunsch gerne und ließ sich mal so richtig gehen. Was dabei herauskam, hätte auch von *Heinz Erhard* sein können ... Das nun folgende ***Gedicht „Peter Dorenkats Erfindung"*** wurde 1950/51 im Jahrbuch der Wilhelm-Busch-Gesellschaft erstmalig abgedruckt:

Hermine sagte mir, sie wollte,
dass ich ihr mal was dichten sollte. -
Ich sagte ja - Und also hüh!
Fährt jetzt mein Geist per Fantasie
Nach Borkum, legt sich auf die Düne
Und dichtet was für die Hermine.

Von einer Düne sieht man weit. -
Das Meer ist voller Flüssigkeit.
Das Ostland ist an Möwen reich.
Die jungen Möwen hat man gleich;
Die Eltern aber schrei'n und tüten
Und schweben über unsern Hüten.
Hier ist Entoutcas zu loben,
Nicht alles Gute kommt von oben.

Zu Upholm wird das Schaf gemelkt.
Die Kuh will Futter, wenn sie bölkt.
Der Kuhhirt sammelt viele Kühe
Durch lautes Tuten morgens frühe.
Dies weckt den Fremden unvermutet,
So dass er fragt, wer da so tutet? -
Am Strande aber geht man froh
Erst so hin und dann wieder so:

Man sieht ein Schiff, tritt in die Qualle,
Hat Hunger, steigt in diesem Falle
Zur Giftbutike kühn hinauf,
Erwirbt ein Butterbrot durch Kauf

Und schlürft, wenn man es nötig hat,
Den vielgerühmten „Dorenkat";
Ein Elixier, was notgedrungen,
Durch ein Malör dazu gezwungen,
Vor hundert Jahren hierzuland
Der Pieter Dorenkat erfand. -

Es war 'ne schwüle, dunkle Nacht;
Der Pieter hält am Strande Wacht.
Was ist das für ein heller Schein?
Das ist ein Schifflein, hübsch und klein.
Es leuchtet helle, segelt schnelle,
Schwebt immer auf der höchsten Welle,
Ist ganz aus Rosenholz gezimmert,
Sein Segel ganz von Seide flimmert,
Hat eine Flagge aufgehißt,
Worauf ein Herz zu sehen ist;

Und lächelnd steht auf dem Verdeck
Ein Knabe, lockig, blond und keck,
Der durch ein Flügelpaar geziert
Und Köcher, Pfeil und Bogen führt. -
Da geht es knacks - und an dem Riff
Zerschellt das kleine Wunderschiff. -
Pechschwarze Nacht. Bald blickt jedoch
Der Mondschein durch ein Wolkenloch. -
Herausgespült und hingestreckt,
Wie tot, von Seetang überdeckt.
Liegt da der Knabe auf dem Strand,
Mit Pfeil und Bogen in der Hand.

Der Pieter, der ein guter Tropf,
Frottiert ihn, stellt ihn auf den Kopf,
Bläst ihm ins Mäulchen, ja und richtig,
Der Bursch wird wieder lebenstüchtig,
Springt auf, ist schrecklich ungezogen,
Nimmt seinen Pfeil, spannt seinen Bogen,
Schießt Petern durch die dicke Jacke,
Wird eine Möwe, macht: gagacke!
Und ist verschwunden. Welche Schmerzen
Fühlt Pieter Dorenkat im Herzen!!! -
Er mag nicht gehn, er mag nicht ruhn,
Er mag nichts essen, mag nichts tun;
Er klagt der Trientje seine Qual,
Der aber ist es ganz egal.
Am liebsten möcht' er sich erhängen
Und töten sich durch Halsverlängen,

Doch Borkums Bäume sind zu niedrig,
Was für den Zweck gar sehr zuwidrig.
So sammelt er denn schließlich Kräuter,
Kocht, destilliert sie und so weiter,

Bis eine Quintessenz zuletzt
Sich aromatisch niedersetzt.
Hier wäscht er sich mit auß' und innen,
Und schau!
Die Schmerzen zieh'n von hinnen.
Bald wird es weit im Reiche kund,
Was dieser Dorenkat erfund.

Gar mancher will das Tränklein kosten,
Bezieht es dann in großen Posten,
So dass der Pieter sich fortan
Vor lauter Geld nicht bergen kann.
Jetzt fragt er Trientje: „Wullt du mi?"
„Ja gliek Mynheer!" erwidert sie.
Drauf legt er sein Geschäft nach Emden,
Trägt goldne Knöpfe in den Hemden,
Und heute noch ist „Dorenkat"
Für Leib- und Seelenschmerz probat. -

Auch ich war mal -
Wer klopft denn hier
Grad jetzt an meine Stubentür? -
Der Dichtung langer Faden reißt,
Der Zug des Herzens ist entgleist.
Mein Geist kehrt wieder von der Düne,
Adieu, Hermine!

Wilhelm Raabe

Auch einem anderen berühmten *Wilhelm,* nämlich dem *Raabe,* gefiel es auf Borkum, das er kurz vor seinem Tode 1902 besuchte, ausnehmend gut. Leider hinterließ der große Chronist des damaligen Bürgertums der Nachwelt ***keine launigen Verse*** à la *Wilhelm Busch;* sein Gemüt war dafür zu melancholisch.

Die Natur

Landschaftsformen

Man vergebe mir, Borkums menschengemachte Attraktionen der prächtigen Inselnatur vorangestellt zu haben; ich wollte lediglich den Hauptgang für etwas später aufbewahren ...

Die zuvor erwähnte Lagestabilität der Insel hat zu einer Herausbildung von ***Dünenkomplexen*** geführt, die großenteils schon sehr alt sind. Auch die ***Feuchtgebiete, Sümpfe*** und so genannten ***Anmoore*** konnten sich aufgrund dieser Verhältnisse besser als auf den Nachbarinseln entwickeln. Borkum nimmt infolgedessen im Ostfriesischen Archipel eine interessante Sonderstellung ein.

Naturschutzzonen

Dies ist unter anderem der Grund, weshalb der ***naturgeschützte Bereich Borkums unverhältnismäßig groß*** ist. Er umfasst weite Teile der Insel mit Ausnahme des Stadt- und anschließenden Weidegebiets, der Hafenanlagen

Feuchtgebiet

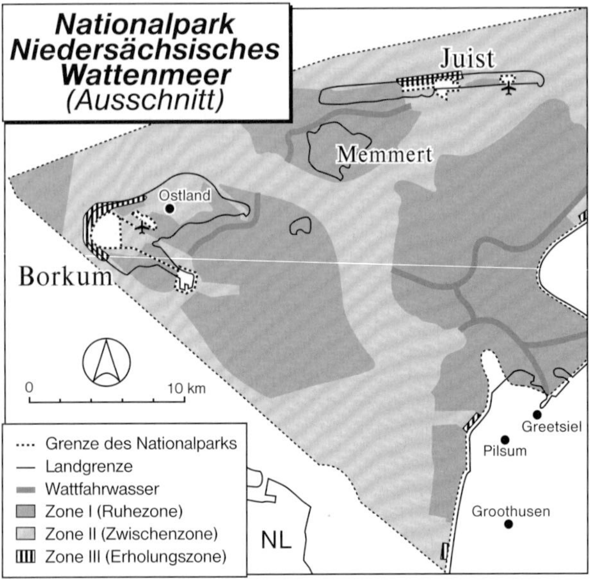

des „Reede"-Komplexes, des Flugfeldes und der Badestrände. Zu etwa zwei gleich großen Stücken setzt sich das NSG aus einer weitgehend monolithischen ***Puffer- oder Zwischenzone*** und einer im wesentlichen aus vier Einzelflächen bestehenden ***Ruhe- oder Kernzone*** zusammen. Der Definition nach soll die erste Zone frei von menschlicher Nutzung bleiben, in der zweiten darf die Natur überhaupt nicht gestört werden; prinzipiell gilt hier alles als verboten, was nicht ausdrücklich erlaubt ist.

Vegetation

Bei Spaziergängen oder Radtouren auf den zugelassenen Wegen begegnet dem aufmerksamen Beobachter eine reiche Vegetation - frühlingshafte Temperaturen natürlich vorausgesetzt. Dünen sind keineswegs gleichbedeutend mit Wüste, zumal sich auf Borkum schon vielerorts ***ansehnliche Humusschichten*** herangebildet haben, die sich im Frühjahr bunt zu überziehen beginnen. Was allein gibt es nicht alles für ***Pflanzenarten mit der Vorsilbe Strand-!*** Aster, Beifuß, Binse, Distel, Dreizack, Enzian, Flieder, Hafer, Grasnelke, Melde, Nelke, Platterbse, Quecke, Roggen, Rotschwingel, Segge, Sode, Wegerich, Wermut und Winde sind vertreten, und vielleicht existieren noch ein paar mehr. Durch die ***Vorsilbe Salz-*** angeführt sind Binse, Kraut, Melde und Miere. Unter der ***Vorsilbe Meer-*** rangieren Kohl, Salde und Senf. Mit der ***Vorsilbe Sand-*** gibt es Dorn, Glöckchen, Köpfchen, Lieschgras, Nachtkerze, Röschen, Segge und Veilchen. Und dann die ***„Exoten":*** Augentrost, Fettkraut, Fieberklee, Kaktusmoos, Sonnentau, Wasserschlauch, Wollgras und das zottige Weidenröschen.

Kaninchen

Dazwischen sieht man des öfteren mal ein Kaninchen hoppeln. Sie gelangten im Mittelalter von Spanien aus auf die Insel und waren ***jahrhundertelang begehrtes Jagdwild.*** In jüngerer Vergangenheit starben sie durch die Virusseuche Myxomatose fast aus, doch die weitgehend resistent gewordenen Nachkommen vermehren sich wieder fröhlich und stellen aufs Neue ein ***Problem für Vegetation*** und Dünen dar. Wenn man mal einen Waidmann ballern sieht, grolle man ihm deshalb nicht - er rettet die Insel, gewissermaßen.

Vögel

Über allem schweben ***Möwen,*** Silber-, Sturm- und Lachmöwen. ***Seeschwalben*** huschen die Wasserlinien entlang, ***Austernfischer*** stochern nach Erlesenem (*keine* Austern, die sie gar nicht knacken könnten!), ***Rotschenkel*** lassen ihre roten Socken sehen, der ***Große Brachvogel*** schreitet gravitätisch einher, und der ***Regenpfeifer*** pfeift. 89 Brutvogelarten hat man auf Borkum gezählt; eine große Anzahl von Gastvögeln gesellt sich dazu. Es würde zu weit führen, sie hier alle auflisten zu wollen; einen guten Überblick über diese Vielzahl erhält man im Heimatmuseum.

Möwen sind überall

Die Naturschutzgebiete der Ruhezone

Greune Stee

Greune Stee („Grüne Stelle") nennt sich ein 58 ha großes, ***bewaldetes Gelände*** südöstlich der Stadt, anschließend an die Süd- und Woldedünen. Moorbirken und Grauweiden wachsen hier in wilden Verhauen, und „Gebietsfremde" wie Bergahorn, Fichte, Rosskastanie und Schwarzkiefern deuten auf Anpflanzungen hin. Bei einer an ihrem Südrand aufgestellten Kugelbake geht die Greune Stee zunächst in ***Heiden*** und dann in ***Mischformen von Land und See*** über, und die für die Süßwasservegetation typischen Schilfröhrichte und Flachmoore alternieren hier mit Salzwiesen und -sümpfen.

Die Greune Stee ist ein ***Vogelparadies.*** Vor allem Enten (mehrere Arten), Bläss- und Teichhühner, Kampfläufer und die Rohrweihe sind in ihr zu Hause, während sich auf der Ronden Plate zahlreiche Watvögel, namentlich Austernfischer, tummeln. Während der warmen Monate herrscht Hochbetrieb.

Die Action lässt sich gut von den ***Wanderwegen*** durch das Terrain beobachten. Eine schöne Route führt durch die Süd- und Woldedünen und biegt bei einem Info-Stand (geöffnet März-Oktober) nach rechts auf den Strand hin ab, den man alsdann zur Stadt zurückverfolgen kann. Aber immer bedenken: Auch zur so genannten Feldbeobachtung geht der Naturfreund nicht auf das erspähte Tier zu, sondern holt es per Fernglas oder Teleobjektiv zu sich heran. „Ich wollte ja nur ein Foto machen", ist angesichts von Herumtrampelei in geschützten Gebieten eine schlechte Entschuldigung - aber immer wieder kommt das vor!

Ronde Plate

Dem urigen Terrain vorgelagert ist die so genannte Ronde Plate, ein ***ausgedehntes Wattgebiet,*** das in Richtung auf das Yachthafenbassin zusehends verlandet und jenseits des Bahndamms seine Fortsetzung findet. Die Ronde Plate zeichnet sich durch ihre ***Salzwiesen*** aus, die zu den eindrucksvollsten der gesamten Nordseeküste zählen. ***Hier wachsen*** unter anderem die hübsche Strandaster, das drahtdünne Andelgras, der streng geschützte Strandflieder, der Strand-Wegerich und der Meerstrand-Beifuß, einst eine würzende Schnapszutat. Vorherrschend jedoch ist das Rot des Quellers. Er trägt in großen Flächen unter anderem dazu bei, dass Borkum im Südwesten neues Land anbaut - man kann jeden Quadratmeter brauchen.

Auf der Ronden Plate ***strandete*** 1967 übrigens ein fünf Meter langer ***Schwertwal.*** Es gelang unter großen Mühen, das hilflose Tier wieder ins tiefe Wasser zu befördern - von wo es prompt umkehrte, um sich wieder auf den Strand zu legen. Wissenschaftler nehmen an, dass Wale absichtlich stranden, um, sei es wegen Alter oder Krankheit, friedlich zu sterben. Wahrscheinlich, so der Konsens, erweist man ihnen einen Bärendienst, wenn man sie mit Gewalt daran hindert.

Waterdelle-Muschelfeld

Nordöstlich der Stadt, zwischen Norddünen, Jägerheim und FKK-Strand, führt das NSG Waterdelle-Muschelfeld ein bescheidenes Dornröschendasein. Das Areal ist 87 ha groß, weist einen vermoorten und verschilften ***Flachwasserteich*** auf und ist von Gebüschen umgeben. Das

Waterdelle
im Winter

„Muschelfeld" war einst ein Strandsee, den Sturmfluten immer wieder mit „Schill" füllten, der von den Insulanern sogar gesammelt und zu Mörtel verarbeitet wurde. Heute trennt ein ***Dünenwall*** das Muschelfeld vom Meer, und im Innern der dieserart entstandenen ***Delle*** (= Dünental auf Borkum) hält sich in manchen Jahren monatelang süßes Wasser, das unter anderem der Stadtversorgung dient. Erlen, Pappeln, Kiefern und Weiden wachsen hier, und überall treten die orangeroten Beeren des Sanddorns in Erscheinung. Ideale Konditionen für viele Vögel.

Dennoch ist angesichts zahlreicher Fuß- und Reitpfade, dem Betrieb des nahen FKK-Strandes und der Wasserentnahme ***das NSG in seinem Bestand gefährdet.*** Man tut ihm bestimmt einen großen Gefallen, wenn man es mal eine längere Zeit völlig in Ruhe lässt.

Tüskendör In den Jahren 1974-75 wurde an der Wattenseite der 6,70 m (!) hohe ***Neue Seedeich*** gebaut. Das dafür entnommene Material ließ den ***Tüskendör-See*** entstehen, den man anschließend mit künstlichen Inselchen und Uferabflachungen versah. Dieser Weiher, über ein Siel mit dem Wattenmeer verbunden, hat außer seiner Lage nichts gemein mit dem ursprünglichen Namensgeber Tüskendör („Zwischendurch"), der Borkum einst kilometerbreit zweiteilte, erst im 19. Jahrhundert verflachte und in den Jahren 1862-64 zugeschüttet wurde.

Auch dass der Runway des ***Borkumer Flugplatzes*** mitten durch dieses NSG führt, sollte aus der Sicht des Naturschutzes nicht gerade optimistisch stimmen. Trotzdem haben sich ***zahlreiche Vogelarten*** im Tüskendör angesiedelt, und für den Großen Brachvogel und die seltene Bekassine ist er sogar ein wichtiges Brutgebiet. Es ist also doch Optimismus angesagt.

Osten der Insel

Fast gänzlich unter sich sind die Gefiederten im Osten der Insel. Dort, in einem Bereich ständig neuen Sandanwuchses, ist die ***Inselnatur in ständiger Entwicklung,*** gibt es eine Welt der Evolution auf kleinstem Raum. Von wüstenartigen, vegetationslosen Arealen vollziehen sich Übergänge zu trockenen Strandwiesen, zu Sandhellerflächen und Dünengebüschen; dies ist eine topografische Vielfalt, die ***vielen Vogelarten*** behagt.

Durch dieses Gebiet führt der ***Rundweg „Hoge Hörn".*** Er ist aber wegen periodischer Überflutungen nicht immer gut begehbar, und man sollte sich besser vorab nach dem aktuellen Stand der Dinge erkundigen (Nationalpark-Verwaltung, Tel. 2030).

Seehundbank Hohes Riff

Unmittelbar nördlich der Stadt dehnt sich die so genannte ***Plathje,*** ein riesiges Sandgebiet, das im Lauf der Jahrhunderte immer mehr auf die Insel zuwanderte und sie heute sozusagen erklettert.

Die Plathje setzt sich über einen Sandrücken fort auf das ***Hohe Riff,*** Hausrevier der Borkumer ***Seehunde.*** Dort ruhen sie sich aus, denn zu eben diesem Zweck verlassen sie die See und packen sich an den Strand. Von der Kurpromenade lassen sich die Ruhebedürftigen, sofern man gute Augen hat, punktgleich erkennen, und

Sanddorn

Essbare Wildpflanzen auf Borkum

Dieser Exkurs soll niemanden dazu auffordern, auf Borkum womöglich eine vegetarische Survivalübung durchzuführen. Erstens sind die ***meisten Wildpflanzen der Insel naturgeschützt,*** und zweitens wäre von der Vegetation bald nichts mehr übrig, wenn alle Kurgäste auf diesen Trip gingen. Eine Auswahl von Pflanzen sei hier nur vorgestellt, um Eltern zu beruhigen, die ihre Kinder etwaig daran naschen sehen - nicht gleich den Magen auspumpen lassen!

Der erwähnte ***Sanddorn*** *(Hippophae rhamnoides)* ist eine im Nord- und Ostseeraum endemische Pflanze. Im Dünenbereich kann man den Busch mit seinen grüngrauen Blättern vielerorts finden. Die Früchte des Sanddorns sind essbar und strotzen dermaßen vor Vitamin C, dass zehn von ihnen den menschlichen Tagesbedarf decken sollen. Büsche in den Naturschutzgebieten sind allerdings geschützt - also Hände weg. Deshalb braucht man aber nicht auf Produkte aus Anpflanzungen zu verzichten. Sanddorn-Marmeladen und -Säfte werden manchmal in den Geschäften angeboten. Ganz billig sind sie nicht, aber immer von vorzüglichem Geschmack und zweifellos gesund.

Die knallroten Früchte (Hagebutten) der weitverbreiteten ***Kartoffel-*** oder ***Kamtschatka-Rose*** sowie die in niederen Büschen vorkommende ***Schwarze Krähenbeere*** sind ohne weiteres essbar, desgleichen natürlich ***Blau-, Brom- und Himbeeren,*** die auch alle auf Borkum wachsen. ***Holunderbeeren*** kann man ebenfalls bedenkenlos essen, aber nur solange sie reif sind. Im grünen Zustand enthalten sie den Giftstoff Sambunigrin.

Blasentang

Wahrscheinlich lassen sich sämtliche Algen und Tange am Nordseestrand verzehren – oder zumindest kann man gefahrlos daran knabbern. **Blasentang** ergibt prima Bubblegum; ganz bestimmt ist er gesünder als das Industrieprodukt. Mitunter sieht man eine Art Salatblatt aus durchscheinendem grünen Material aus dem Sand ragen. Dies ist in der Tat **„Meeressalat“** *(Ulva lactuca),* essbar und sogar recht schmackhaft. Eine an Land gekrochene Großalge ist auch der berühmte, appetitlich-fleischig aussehende **Queller,** den man früher als sauer eingelegtes Gemüse verspeiste und der örtlich deshalb den seltsamen Namen *Glasschmalz* trug. Nach wie vor ist der Queller essbar, doch er steht heute unter strengem Naturschutz und darf mithin nicht gepflückt werden.

Holunder-beeren

geht man eine gute halbe Stunde am Strand auf sie zu, nehmen sie alsbald richtige Gestalt an. Doch dann kommt eine Pfahlreihe mit ***Schildern:*** Bis hierher und nicht weiter! Daran halte man sich, wenn man nicht von einem unvermutet auftauchenden Ranger strafend zur Kasse gebeten werden möchte. Und den ***Hund an die Leine!*** Das Betreten der Seehundbänke ist strengstens verboten – das gilt, wie überhaupt im gesamten Nationalparkbereich, auch für Bellos vier Füße.

Seehund an der Plathje

Wattenmeer und Ökotourismus

Was ist Watt?

Die vorstehend beschriebenen Gebiete sind Teil des ca. 250.000 ha großen ***Nationalparks Niedersächsisches Wattenmeer,*** der seit 1986 existiert. Schon der Definition nach besteht der Park in weitaus geringerem Umfang aus insularem Land als aus Watt. Selbiges wiederum versteht man im engeren Sinn als denjenigen Küstenbereich, der im Wechsel der Tiden täglich überflutet wird und wieder trockenfällt. Zusätzlich unterscheidet man je nach Art der Bodensedimente ***Schlick-, Sand- und Mischwatten.*** Es gibt sie nicht nur an der Nordsee. Sie sind an vielen anderen Meeresküsten vertreten, im Nordseeraum jedoch einmalig in ihrer Ausdehnung und Zusammensetzung.

Leben im Watt

Man mag versucht sein, das Watt auf den ersten Blick als tote Sand- und Schlammwüste anzusehen. In der Tat ist die unmittelbare ***Oberfläche*** von extremer Lebensfeindlichkeit geprägt – Salzwasser, Stürme, Kälte und Hitze wirken auf sie ein.

Unter ihr verbirgt sich jedoch ***eines der reichsten Biotope der Erde.*** In einem Fingerhut Wattsubstanz finden sich eine Million ***Algenzellen,*** bis zu 40.000 ***Kleinkrebse*** wuseln in einem Quadratmeter Schlick. Diesen teilen sie sich weiterhin mit bis zu fünfzig ***Watt- oder Pierwürmern,*** deren Auswürfe, dünne Sandwürste, oft das einzige Lebenszeichen an der Oberfläche sind. Die Muschelschalen, die dicht an dicht den Strand bedecken, stammen zum Teil ebenfalls von Wattbewohnern. ***Herz-, Pfeffer-, Platt- und Sandklaffmuscheln,*** letztere bis zu einem halben Pfund schwer, sind, teils tief im Boden steckend, im Watt zu Hause. Verschiedene Organismen leben in enger Symbiose, und alle sind Glieder der Nahrungskette. Das Wattenmeer ist die ***Kinderstube vieler Fischarten,*** die es, mit anderen Worten, ohne diese Idealbedingungen gar nicht gäbe, es ist die existenzielle Grundlage

Krater im Watt

für eine riesige Zahl von Lebewesen, an deren Spitze der Mensch steht.

National-park-konzept

Wir täten also gut daran, diese Verhältnisse möglichst wenig zu stören. Trotzdem hat sich das Nationalparkkonzept nur sehr zögernd und gegen den ***Widerstand großer Teile der Küsten- und Inselbevölkerung*** durchgesetzt, die in solch neumodischem Tühnkram keinen Sinn entdecken konnten. Die See hatte doch auch ohne großflächige Absperrungen jahrhundertelang als Nahrungsquelle gedient, oder etwa nicht? Dass in den vergangenen Jahrzehnten massiv wie noch nie daran gewirkt wurde, jene Nahrungsquelle versiegen zu lassen, dass die bewährten uralten Kreisläufe erstmalig im Begriff waren, durch Menschenhand zerstört zu werden, kam den Protestlern offenbar nicht zu Bewusstsein.

1986 ***obsiegte die Vernunft,*** doch sie wurde diktiert. Auch weiterhin wird um jeden Quadratmeter Wattenmeer gerangelt und gezerrt, glauben sich die Anrainer von Verschwörern umgeben, die ihnen traditionelle Privilegien beschneiden wollen. Das Thema Nationalpark findet deshalb, falls überhaupt, in touristischen Broschüren, auch Borkums, nur nebensächliche Erwähnung.

Vielleicht wähnt man, die Inselbesucher fühlten sich durch die ***zahlreichen Ge- und Verbote,*** die die Errichtung des Parks zwangsläufig nach sich gezogen hat, ebenfalls in ihren Freiheiten eingeschränkt. Das ist zumindest bei den nachrückenden, umweltbewussten Generationen jedoch schon längst nicht mehr der Fall. Die wirtschaftliche Zukunft Borkums liegt zweifelsfrei im ***Ökotourismus.***

Verhalten im Nationalpark

- ***Betretenverbots- und Hinweisschilder*** sind unbedingt zu beachten. Sie dienen dem Schutz der dort lebenden Tiere und Pflanzen und der Information der Bürger.
- Die ***ausgewiesenen Wege*** erschließen dem Besucher die Natur in ihrem vollen Reichtum. Man weiche nicht von ihnen ab. So wird die Tier- und Pflanzenwelt nicht beeinträchtigt.
- Um die Pflanzendecke in den Dünen zu erhalten, sind vielerorts ***Stege*** und Wege gebaut worden. Nur diese benutze man zum Spazierengehen und Wandern. Der Schutz der Dünen ist lebenswichtig für die Insel.
- Besondere Rücksicht ist auf ***geschützte Pflanzen*** in Dünen und Salzwiesen zu nehmen. Im Nationalpark dürfen keine Pflanzen abgepflückt werden.
- Als Wanderer und Wassersportler ***meide man Vogelansammlungen*** und nähere sich auf keinen Fall mehr als 300 Meter. Die Vögel werden ansonsten bei der Nahrungsaufnahme, beim Brüten oder bei der Mauser gestört.
- Um ***Seehunde*** an ihren Liegeplätzen nicht zu stören, halte man als Wassersportler einen Abstand von mindestens 500 Metern.
- ***Wattwanderungen*** unternehme man nur unter fachkundiger Führung - zur eigenen Sicherheit und um unnötige Störungen zu vermeiden.
- Im gesamten Nationalpark dürfen ***Hunde*** nicht frei laufen.

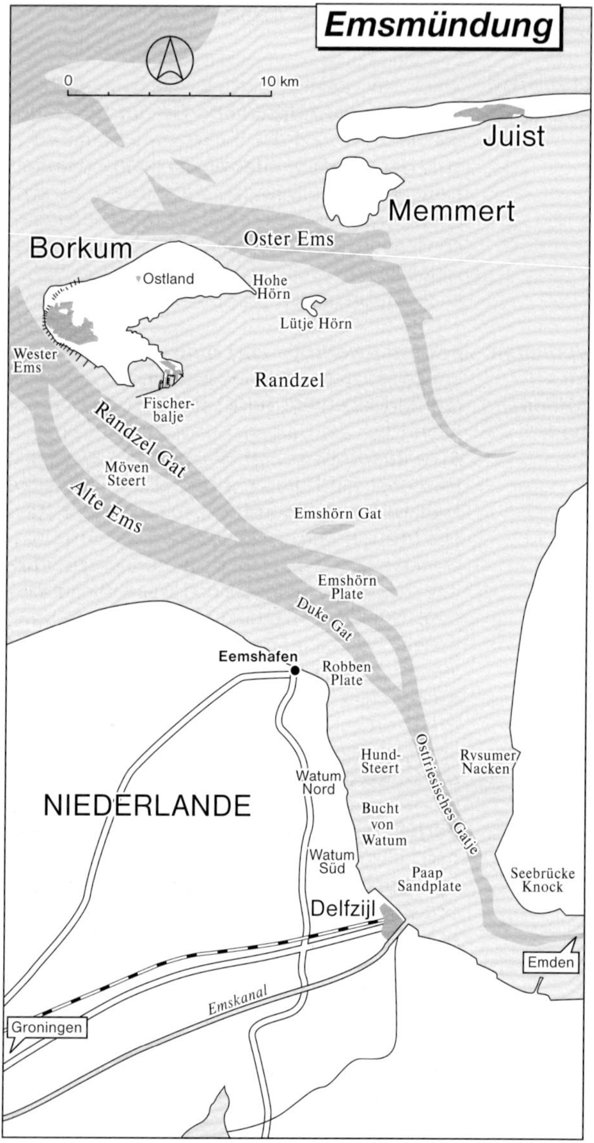
Emsmündung
0
10 km
Juist
Memmert
Borkum
Oster Ems
Ostland
Hohe Hörn
Lütje Hörn
Wester Ems
Randzel
Fischerbalje
Randzel Gat
Möven Steert
Alte Ems
Emshörn Gat
Emshörn Plate
Duke Gat
Eemshafen
Robben Plate
Ostfriesisches Gatje
Hund-Steert
Rysumer Nacken
Watum Nord
NIEDERLANDE
Bucht von Watum
Watum Süd
Paap Sandplate
Seebrücke Knock
Delfzijl
Emden
Emskanal
Groningen

Eine fröhliche Borkumfahrt

Verhalten an Bord

„Drei Hüte gingen fort auf ewig", beschreibt *Wilhelm Busch* launig den Beginn der Reise. Sowie nämlich die Fähre die offene Ems erreicht, ***brist der Wind auf.*** Gleich in den ersten Minuten zeigt sich hier der Unterschied zwischen Küstenmenschen und Landratten. Letzteren ***flattert alles davon,*** was lose auf den Deckstühlen gelagert war: Tücher, Tüten und anderer Tüdelkram. Auch die eine oder andere Baseballkappe segelte bereits in den Teich. Egal, Baseball spielt man auf Borkum sowieso nicht.

Aber, ah - die gute, frische Luft! Schon bringt der viele Sauerstoff die ***Nikotinpegel*** auf ein gefährliches Niedrigniveau. Schnell die Fluppe ins Gesicht! Hei, wie Glut und Asche im Wind stäuben - leewärts reiben sich manche bereits die Augen! Wie der Rauch wirbelt - alles auf dem Oberdeck hat etwas davon! Mit gekonnt seemännischem Schwung fliegt die Kippe über Bord. Unten steht ein Bullauge offen. Der Fahrtwind trägt sie hinein. Hoffentlich ist drinnen alles unbrennbar. Kein Seemann wirft seinen Glimmi über die Seite.

Dollart

Zur Linken - backbord - sieht man jetzt eine unendlich erscheinende Wasserfläche, den Dollart. Die Ostfriesen nennen die Gegend *„'t Endje van de Werelt* - das Ende der Welt". Dieser Eindruck teilt sich einem in der Tat plastisch mit. Die Marcellusflut des Jahres 1362 brach hier ein gewaltiges ***Loch in das platte Land,*** und die Cosmas- und Damianfluten von 1509 weiteten es noch aus. Nach und nach wurden der Nordsee Teile des verlorenen Bodens wieder abgerungen.

Ob durch die neugeschaffenen Verhältnisse die Ems zunehmend verschlickte, ist unklar; jedenfalls gubbelte sie stetig zu und machte den ***Seehafen Emden,*** einst größter an der Nordseeküste als Drehscheibe für den Getreideumschlag, immer mehr zum unwichtigen Schlusslicht. Erst zu Zeiten *Kaiser Wilhelms II.* wurde das Emsfahrwasser wieder vertieft, und Emden erlebte eine gewisse Renaissance als Seehafen, vor allem für Massengüter. Im ***Krieg*** wurde die Stadt jedoch fast zur Gänze zerstört, und ein Neubeginn kam, falls überhaupt, nur sehr holprig in Gang. Zwar schien es in den sechziger Jahren, als wolle sich einiger einstiger Glanz wieder einstellen. Doch der Patient kränkelte weiter dahin. Auch die - zumeist temporäre - Ansiedlung schwerer und ökologisch sehr fragwürdiger ***Industrien im Emder Raum,*** zum Teil massiv von der öffentlichen Hand alimentiert, vermochte den Trend nicht aufzuhalten.

Hafenprojekt

1972 glaubte die niedersächsische Landesregierung, den Grund dafür ausgemacht zu haben. Ein neuer, ***gigantischer, betriebiger Hafen*** mit vielen Kränen und Pollern würde alle Probleme mit einem Schlag lösen. Als ***Standort*** hatte man sich den Dollart ausgeguckt; hier wollte man das großartige Projekt entstehen lassen. Der Blick über den heutigen, leeren Dollart erweist, dass nichts daraus geworden ist. Der seit Jahrhunderten ungeklärte Grenzverlauf mit den Niederlanden, ökologische Unverträglichkeit, fehlende Finanzierung - das alles trug nur vordergründig zum ***Scheitern des Dollarthafens*** bei. Irgendein Schlaukopf muss aber mal ermittelt haben, dass das Projekt nicht den geringsten ökonomischen Sinn machte. Doch bis dahin waren schon über 20 Millionen Mark allein für „Planungen" verbraten worden, und viele hochdotierte Politiker und Funktionäre hatten etwas zu verwalten gehabt, eine ganze Generation lang Sinnerfüllung in ihrem Tun gefunden. Das ist doch schon was.

Drum mach nur einen Plan
und sei ein großes Licht,
dann machst du noch 'nen zweiten Plan;
geh'n tun sie beide nicht.

Bertolt Brecht, „Dreigroschenoper"

Knock

Wir passieren die Knock – dort, wo die ***Ems ihren scharfen Bogen von West auf Nord*** macht. An dieser Stelle wollte ein anderer Traumtänzer, der Lehrer *Hermann Meier* aus Emden, schon 1863 Deutschlands größten ***Kriegshafen*** entstehen lassen, „hat doch die Knocke eine bedeutungsvolle Zukunft, weil die Kanonen ihrer erst in den letzten Jahren angelegten Batterie den Strom in seiner vollen Breite beherrschen und ihre Todesgeschosse selbst in das Herz der am entgegengesetzten Ufer gelegenen holländischen Festung Delfsiel entsenden können." Heute steht der Alte Fritz, aus Erz gegossen, an der Knock und wacht darüber, dass niemand dergleichen Unsinn anstellt, obgleich sich am gegnerischen Gestade ganz schön etwas reiht, das rabiate Umweltfreunde wohl gern in den Klump schießen würden. Am besten, man nimmt an Steuerbord Platz und kehrt dem ***betonierten niederländischen Ufer*** mit seinem garstigen Kühlturm-, Schornstein- und Strommastenpanorama den Rücken. Die ostfriesische Festlandsküste ist zwar auch nicht berauschend, aber hinter der Knock nimmt sie immerhin halbwegs natürliche Konturen an.

Der Alte Fritz hält Wacht

Plan mit Luftkissenbooten

Damals, als die Sache mit dem Dollarthafen im Schwange war, wollte ein weiterer Emder Schlaumeier Luftkissenboote übers Watt nach Borkum donnern lassen, um alles zum besten zu wenden. Zehn Jahre zuvor wäre ihm das bizarre Vorhaben vielleicht gelungen. Doch inzwischen war der Begriff ***Ökologie kein Fremdwort mehr,*** und manche Menschen an den Schalthebeln der Küstenpolitik dachten offenbar zweimal nach, bevor sie irgendeinen aberwitzigen Plan Gestalt annehmen ließen. Die Luftkissen wurden ad acta gelegt.

Funktion der Tonnen

Diverse Tonnen liegen im Strom - jawohl, *Tonnen. Bojen* ist ein unseemännisches Wort. An ihnen kann man erkennen, ob das Wasser auf- oder abläuft, obwohl das nicht ihre Funktion ist. Sie ***markieren*** stattdessen die ***Fahrrinne,*** und der Seemann hangelt sich sozusagen von einer zur anderen und kann somit selbst im konturlosen Gelände sicher sein, immer noch den berühmten Fußbreit Wasser unter'm Kiel zu haben. Ist es „dick" - neblig auf Küstendeutsch -, erscheinen die Tonnen wie eine Perlenschnur auf dem ***Radarschirm,*** und der Steuermann kann an ihnen leicht seine Kurse absetzen.

Blinder Passagier

Wer steuert das Schiff?

Der Mensch, der das Schiff steuert, ist übrigens *nicht* der **Steuermann.** Selbiger handhabt die Navigation und ist Offizier, weshalb er zumeist eine schöne weiße Labskausmütze tragen darf. Die Aufgabe des Steuerns obliegt indes dem ***Rudergänger,*** der am Ruder steht und die Kommandos des Steuermanns ausführt. Jedenfalls ist das alles ganz schön kompliziert, zumal wenn man bedenkt, dass sich achtern (also hinten) am Schiff *auch* noch ein Ruder befindet.

Ausländische Matrosen

Ein Kümo, kurz für ***Küstenmotorschiff,*** zieht vorbei. Stolz flattert die deutsche Flagge. An Deck sind Matrosen bei der Arbeit - Schwarze. „Kruboys" hießen die zu Kaisers Zeiten. Ein unglaublich löchriges Netzwerk von fadenscheinigen Gesetzen und Gefälligkeitsauslegungen erlaubt es deutschen Reedern, auf ihren Schiffen ***Ausländer zu Niedrigsttarifen*** zu beschäftigen. Man erhält dieserart schon einmal eine Vorstellung, wie es auf dem sonstigen Arbeitsmarkt aussehen würde, wenn manche Herrschaften so könnten, wie sie wollen. Vor den Fährschiffen - den Borkumern zumindest - hat die Globalisierung jedoch bislang haltgemacht, wie ein prüfender Blick auf die Crew bestätigen wird.

Bedeutung der Flaggen

Ein vollbeladener Tanker rauscht als nächstes vorüber. Auch hier eine deutsche ***Flagge.*** Doch sie weht vorne - ***„im Vortopp"*** - und zeigt somit an, dass das (ausländische) Schiff einen deutschen Hafen anlaufen wird.

Oben im Radarmast deutet eine ***rotweiße Flagge*** darauf hin, dass sich ein ***Lotse an Bord*** befindet. Auch dieser getreue Cicerone, den Seefahrer durch Jahrhunderte hindurch am Ende ihrer gefahrvollen Reise stets mit großer Freude begrüßten, soll nach dem Willen der Sparer wegrationiert werden. Dann wird's wahrscheinlich öfters mal vor deutschen Küsten scheppern. Bei einem Tanker mit 50.000 Tonnen Öl im Bauch lohnt sich das schon.

Ökologische Sünden

Wie so ein ***Öl-GAU*** aussieht, weiß man aus den Medien. Stets aufs Neue wabert ein ekliger Schmierteppich auf dem Meer, meistens dort, wo man es besonders gerne pieksauber hätte, und Fauna und Flora werden auf viele Jahre vernichtet. Was, wenn solch eine Ökobombe einmal im Bereich der Nordseeinseln hochgehen würde! Immer wieder wird dieses schwarze Menetekel an die Wand gemalt.

Doch der größte anzunehmende Unfall ist gar nicht erforderlich, um unserem Hausmeer auch so einen jährlichen „Eintrag" zu verpassen, der sich sehen lassen kann. Zwar hat man das der Schiffahrt bislang erteilte ***Zugeständnis*** einer Einleitung von „60 Litern pro Seemeile" Anfang 1998 endlich ***abgeschafft.*** Aber hält sich jeder Skipper daran? Bei 100.000 jährlichen Schiffsbewegungen in der südlichen Nordsee zählt jeder Tropfen, und kontrollieren kann man's auch nur schwer. Addieren muss man Tausende von Tonnen aus den ***Flüssen*** und allerlei Danebengekleckertes aus der ***Offshore-Industrie,*** ebenfalls sehr tonnenträchtig. Außerdem rund 20.000 Tonnen ***unverbrannter Treibstoffe,*** die peu à peu vom Himmel herabregnen. Alles in ein Meer, das so klein ist, dass man es auf einer normalen Weltkarte kaum erkennt.

Erfolglose Gegenaktionen

Gegen diese Schweinereien hat die Bundesregierung eine schwere Phalanx in Gestalt von ***Flugüberwachung, Suchelektronik, Ölsperrgeräten, Leichtersystemen*** und was noch allem aufgefahren, die einige Milliönchen gekostet hat und somit alles vorweisen kann, was zum Metier gehört - außer Erfolgen. Nicht nur lähmt ein heilloses ***Kompetenzgerangel*** die Ölfahnder, erlauben ***lasche Gesetze*** den wenigen ertappten Sündern, Strafen „aus der Portokasse" *(Der Spiegel)* zu begleichen. Man hat das Pferd von vornherein ***vom falschen Ende aufgezäumt.*** Problematiken schafft man nicht mit der Erstellung immer neuer Richtlinien und dem Zählen ölverklebter Erbsen aus der Welt. Man muss wohl, wie die Affäre *Brent Spar* hinreichend erwiesen hat, irgendwann mal zu weniger konventionellen Mitteln greifen.

Problem Traumschiff

Gegenüber diesen düsteren Fakten lacht das Herz angesichts des prächtigen, weißen Kreuzfahrers, der hochbordig von achtern aufkommt. „Traumschiff!" schmachten die ersten Passagiere bereits - eine Meinung, der sich die meisten echten Seebären nicht anschließen dürften, die mit überdimensionierten Luxusyachten wenig am Hut haben. Die Dickschiffe kommen von der Papenburger Meyer-Werft, die weit im Inland liegt. Daher musste die Ems immer wieder vertieft und letztendlich sogar aufgestaut werden - ein Eingriff in natürliche Verhältnisse, der viele bis ins Mark getroffen hat. Denn letztlich gewannen ökonomische, wie schon so oft, über ökologische Belange. Die Ems wurde bei Gandersum abgesperrt und verlor damit einen guten Teil ihres fluvialen Charakters. Alles (einschließlich der Baukosten von mehreren hundert Millionen Euro aus öffentlichen Mitteln) im Zeichen des „Küstenschutzes" versteht sich. Das Kind muss schließlich einen Namen haben.

Ortspanorama

Derweil steuern die klobigen Papenburger Kreuzfahrer ferne Gestade an, um ihren Passagieren ein Gefühl von unverbauter Natur mit unversperrten Flüssen zu vermitteln, das in heimatlichen Gefilden nicht mehr zu finden ist. Flucht in die Ferne nennt man das wohl …

Ankunft in Borkum

Man atmet auf, wenn Borkum in Sicht gerät. ***Keine Gigantomanie*** hier, keine Flucht in die Ferne. Keine Großraumwagen am Kai, sondern ein Züglein aus vergangener Zeit. Auf dem Weg in den Ort ***winddurchzogene Weite,*** „einsames Vogelgerufe - so war es immer schon" *(Theodor Storm).* ***„Downtown" Borkum*** zeigt sich mit Ausnahme der beiden Leuchttürme und des Antennenmastes bar von wolkenkratzenden Baulichkeiten. Auch die Zahl pestender ***Kraftfahrzeuge*** ist niedrig - obwohl es *noch* weniger sein könnten. Am ***Strand*** Unendlichkeit, kein an Freiheitsraub grenzender Stau, kein Gedrängel. Hier kann man's aushalten.

In diesem Sinne, auf Borkumisch: *Zett u taai* - machen Sie's gut!

Detail der *Borkumriff*

Seemannslatein

Zum Schluss, liebe Leser, möchte ich Sie noch ein wenig in die Geheimnisse der Seemannssprache einweihen. Die Janmaaten sprechen ja bekanntlich ihre ganz eigene Sprache. Die heißt: *das Seemannslatein.* Landratten kucken da ja überhaupt nich mehr klar, mit Backbord und Steuerbord und vorn und achtern un Mann über Bord und was noch alles. Aber selbst die Matrosen, die wissen oft nich, wie so'n Seemannslateinwort eigentlich zustande gekommen is. Das quasselt sich so leicht daher: das is'n Anker. Jawoll. Aber wieso heißt das nu *Anker* und nich was anneres? Sehn Sie, da muss man sich schon mal 'n büschen mit die *etylomogische Geschichte* von das Seemannslatein befassen.

Bleiben wir mal bei'n ***Anker.*** Das kam so. Vor langer Zeit da treibt da 'n Segelschipp in'n Sturm auffe Küste los. Das heult und brummt nur so inne Takelage. Segel, Steuer, alles in'n Mors. Und der Kaptein, das is so'n kleinen Nervösen, der rennt auf'n Achterdeck hin und her und is an'n Jiepern: „Mannomann, wat mokt wi nu? Wenn wir man nur *ankern* könnten! Aber mit wat? Mit wat?"

Der Steuermann, das is so'n ganzen Kloken, der hört das und geht nach'n Alten hin und sagt: „Wie wär das denn mit'n *Anker?"*

„Mann", sagt der Alte, „das is ne ganze fabelhaftige Idee!" Und sie holen den Schmied her, und der muss nu ganz fix 'n Anker schmieden. Da machen sie dann 'ne Kette an und schmeißen die Plünnen ins Wasser. „Wie zeigt die Kette?" Sowas sagen die dann immer. Und kuck da: Der Anker hält und das Schiff is gerettet. Da kann man mal sehn, wo so'n Anker gut für is, und deshalb heißt der auch so.

Wo kommt nu das Wort ***Kiel*** her? Da müssen wir mal ganz weit zurückblättern in das Buch vonne Geschichte, bis in die Zeit von die Wikinger. Die warn damals inne Ostsee an'n Rumpaddeln und wollten 'n büschen Spaß haben, so mit Mordbrennen und Brandschatzen, wie die das immer tun. Nu hatten se sich in Kopenhagen aber schon 'n lütten angetütert, und dann war das auch noch pottendick; jedenfalls klappt das mit die Navigatschon nich mehr so richtig. Und mit einmal, da klötert das mächtig, und rums, sitzen se auch schon auf Schiet. Der Kaptein, der wacht nu auf aus sein Brausebrand und sagt zu'n Steuermann: „Kuck doch mal nach, wo wir da aufgebrummt sind."

Der Steuermann, das is wieder so'n ganzen Studierten, der geht nach vorn, kuckt über die Seite und meldet: „Auf'n untersten *Längsschiffbalken,* Herr Kapitän." Der wird nu aber ganz fuchtig und bölkt den Steuermann an: „Das wollt ich doch gahnich wissen, du Dösbaddel!" Doch da klart das mittenmal auf, und kuck da, 'se sind ganz dicht anne Küste, und auffe Küste da steht'n Schild und da steht drauf: Kiel. Da wussten se auch gleich, wo se sind, und der Alte hat fein säuberlich in sein Logbuch eingetragen: „Auflaufort: *Kiel.*" Und seit daher heißt der *Längsschiffbalken* auch so, mit den se aufgebrummt sind: Kiel. Kann man ja auch viel besser aussprechen.

Und nu geht das flott weiter in'n Alphabet. Was Sie ganz bestimmt schon immer wissen wollten: Wo kommt das Wort ***Labskaus*** her? Das is ne bannig witzige Geschichte. Früher, auf die Windjammers, da hieß das noch *Labs.* Das sind die Anfangsbuchstaben von das, was da drin war: Linsen, Aafgen, Bohnen und Speck. Tscha, das war damals ganz was anneres als heute. Und dies Labs, das gab das *jeden Tag*. Tagein, tagaus, immer nur Labs. Na, letzten Ennes hatten die Janmaaten die Nase davon voll und sagten: „Mann, das Labs das kotzt uns an!" Und schon hatte das Zeugs 'n neuen Namen weg: *Labskotz.* Und so nach und nach wurde da dann *Labskaus* von. Heute is Labskaus ja 'ne feine Sache. Aber jeden Tag will man das auch nich essen woll'n.

Wo kommt nu das Wort ***Luke*** her? Das kommt aus *Schina.* Das hätten Sie nich gedacht, was? Tja, damals, so zu Kaisers Zeiten, da gab das das

Wort noch nich. Ne Luke war einfach so'n Loch in'n Deck, wo man was reintun konnte. Nu gab das da mal 'n Kaptein zur See Müller, der anne Schinaküste rumschippern tat. Und dieser Kaptein Müller, der mochte nu ganz gern mal 'n lütten. Und wenner in'n Duhnass an Deck rumstiefeln tat, dann fiel er immer in diese Löcher. Junge, Junge, wenner rausgeklettert kam, da war er mächtig in Brass und ließ sein Rochus an seine Schinesencrew aus. Nahm ihnen die Sahnebonschen weg, und Schokoladeneis gab das auch nich mehr. Und was noch viel schlimmer war: Die Schinesen, die essen doch immer Reis. Mit'n Mal gab das nu kein'n Reis mehr, sonnern nur noch Labskaus. Und den konnten die Schinamänner nu ja überhaupt nich verknusen. Deshalb sausten se immer hinter Müller her, wenn der wieder sein'n Brand hatte, und dann riefen se: *„Lookie, lookie, Mastah Mullah!"* Der dachte ja nu, die meinen da diese Löcher mit. Eins muss man den Müller lassen: für Ordnung tat er sorgen. Der hat das *Lookie* vernünftig eingedeutscht, und seither haben wir 'n schönes neues Seemannwort: *Luke.* Ja, das is Kaptein Müller und seine Schinesencrew zu verdanken.

'Ne ganze Menge Leute will auch gerne wissen, wieso man zu'n Schiffsjungen ***Moses*** sagt. Dafür gibt das 'ne ganz einfache Erklärung. Sie haben doch bestimmt schon mal von die berühmte amerikanische Malerin *Grandma Moses* gehört. Jawoll, da kommt das her. Und das kam so zuwege: Als Grandma Moses noch 'ne junge Deern war, da konnte se noch nich so schöne Bilder malen. Aber ihre Dollares musste se ja auch verdienen. Da hat se dann als Azubi auf so'n ollen Trampdampfer angeheuert, da gibt das ja auch was zu malen. Nu konnten die Janmaaten so 'ne junge Deern aber nich mit *Grandma* anreden, weil das ja *Großmutter* heißen tut. Und *Fräulein Moses* wollten se natürlich auch nich sagen, denn so fein geht das nich zu beie Seefahrt. Da blieb das denn bei *Moses,* und deswegen heißen bis heute alle Mosesse so.

Jetzt kommen wir zu'n ***Poller.*** Das is nu so'n richtiges Seemannswort. Und dabei gibt das das noch gahnich so lange. So'n Poller, das wissen wir heute, das is'n Apparat, wo man Leinen an festmachen tut. Das sagt man aber auch zu'n dicken Kopp, wenn man da zuviel Köm reingehaun hat. Und damit fängt diese Story an.

Da gab's mal 'n Bootsmann, der war mit diese Poller (die damals noch nich Poller hießen) sozusagen auf'n Kriegsfuß. Jedesmal bei'n Ein- und Auslaufen da stolperte er über diese Dinger, und dann saß er da mit seine blutige Nase und war an'n Stöhnen: „Mann, wat hab ich'n Poller!" Zuerst, da haben se ja alle bannig darüber gelacht. Aber der Bootsmann, der wollt' gahnich mehr aufhörn damit, das war schon so'n richtigen Sport für ihn. Und zuletzt, da knallt er noch mal gewaltig drauf, und da war das aus mit ihn. Seine letzten Worte war'n: „Mann, wat hab ich'n Poller!" Da erkannten seine Kameraden, dass er so'n richtigen Propheten und Märtyrer gewesen is. Und ihn zu Ehren haben se dann diese Festmachapparate *Poller* genannt.

Wenn Sie aus'n Binnenland kommen, und nu stehn Sie das erstemal auffe Brücke, dann hagelt das da Seemannslatein, dass ein'n der Kopp nur

so rauchen tut. Ein Wort, das hört man immer wieder, und das is ***querab.*** Und das is 'ne ganze wunnerliche Geschichte.

Das gibt 'n Kap inne Arabische See, das heißt *Ras al Querab.* Wenn se nach'n Golf oder nach Indien wollten, mussten se da früher immer an vorbeischippern. Und dann gab das jedesmal dasselbe Theater. Da kommt der Alte auffe Brücke, und der Steuermann is da inne Karte an'n Fummeln. Der Alte kuckt durch'n Kieker und frägt den Steuermann: „Is das Kap Querab?"

„Nee", sagt der, „noch nich."

Der Alte kuckt wieder. „Was heißt hier noch nich'", sagt er zu'n Steuermann. „Das is doch Querab, das sieht doch jeder Dösbaddel!"

Und der Steuermann sagt: „Ich nich."

Da hatten se sich denn jedesmal inne Wolle und war'n drauf und dran, sich zu kloppen. Da hat denn auch die Reederei Wind von gekriegt, und die hat gleich 'n Telegramm geschickt. Und da stand drin, so geht das nu nich weiter. Das is 'n ganz wichtiges Kap mit'n Leuchtturm drauf, und wenn das nich wär, dann wär'n schon jede Menge Schiffe von uns da auf Schiet gebrummt. Da haben se sich denn geeinigt, dass zu Ehren von diesen arabischen Sandbulken jedes Kap auffe

Welt *querab* genannt werden soll, wenn das nur so richtig schön in'n rechten Winkel peilen tut. Tscha, so kam das zustande.

So, und jetzt kommt noch ein Wort, und das is ***Ruder,*** wo se in'n Binnenland immer *Steuer* zu sagen. Hatten se früher anne Waterkant ja auch gesagt, deswegen heißt das ja auch Steuermann und nich Rudermann. Aber da wollten se 'n anneres Wort für haben, und das is auf 'ne ganz kuriose Weise zuwege gekommen.

Da war 'n *Japaner* an beteiligt. Die könn'n ja nich L sagen und sind immer mächtig an'n Radebrechen, wenn se die Lorelei bekucken tun. Dieser Japaner jedenfalls, das war so'n Harpunier auf'n Walfänger, und der war in'n 18. Jahrhunnert hier zugange. Nu hatt' er 'ne lütte Deern in Hamburg, da war er ganz in verknallt. Na ja, wie das so kommt, er geht auf große Fahrt, bleibt zwei Jahre wech, und wie er wieder in Hamburg is, da kuckt er bei seine Deern rein und da sitzt se da – mit'n dicken Bauch! Mann, war der vergrellt! Schnappt sich 'n Rundstück warm und haut die Deern das umme Ohren und is an'n Bölken: *„Du Frittchen! Du Ruder! Du ganz hinten!“*

Und nebenan, da wohnt 'n Schiffbauer aus Danzig, und der hört das alles. Und der denkt: „Ruder? Ganz hinten? Das stimmt. Das is 'n feines Wort. So woll'n wir nu das Steuer nennen.“ Und seitdem heißt das so. Ganz hinten is das ja auch immer geblieben.

Tscha, liebe Leser, so is das. Unsere Sprache is *dymanisch,* wie die Studierten dazu sagen tun, und andauernd gibt das neue Wörter. Heute haben Sie wieder mal 'n paar dazugelernt. Wenn Sie unterwegens nach Börkum sind, dann können Sie mitschnacken. Un wenn Sie so'n richtiges Seemannswort hören, dann können Sie sagen: Das is vonne Wikinger oder von Kaptein Müller oder von Fritze Nakamura (denn so hieß der Japaner), und dann werden se alle sagen: „Dübel, das is aber 'n ganzen Gescheiten! Der kennt sich aus in't *Seemannslatein!“*

Anhang

Literaturhinweise

- *Ahlrichs, R.:* **Ostfriesland.** Leer 1991. Ein witziges und informatives Büchlein, geschrieben von einem richtigen Ostfriesen.
- *Buchwald, K.:* **Nordsee – Ein Lebensraum ohne Zukunft?** Göttingen 1990. Pflichtlektüre, um einen tieferen Einblick in die ökologischen Verhältnisse des Nordseeraums zu gewinnen.
- *Deutscher Verband für Wasserwirtschaft und Kulturbau:* **Historischer Küstenschutz.** Stuttgart 1992. Vornehmlich festlandsbezogen mit einigen Exkursen auf die Inseln.
- *Homann, H.:* **Borkum.** Münster, k. J. Ergrauter Oldtimer aus den siebziger Jahren, wird auf Borkum aber immer noch feilgeboten.
- *Jakubowski-Tiessen, M.:* **Sturmflut 1717.** München 1992. Das wohl ausführlichste Werk zum Thema einer der verheerendsten Fluten aller Zeiten.
- *Klein, D. M.:* **Emden – Ein Lesebuch.** Husum 1990. Unterhaltsamer kleiner Stadtführer.
- *Ostersehlte, C.:* **Die Deutsche Gesellschaft zur Rettung Schiffbrüchiger.** Hamburg 1990. Detaillierte Geschichte der DGzRS mit zahlreichen historischen Abbildungen.
- *Pott, R.:* **Farbatlas Nordseeküste und Nordseeinseln.** Stuttgart 1995. Naturführer für den genannten Bereich.
- *Ulsamer, G.:* **Feuerschiff Borkumriff.** Berlin/Offenbach 1991. Nicht nur die Geschichte des „Leuchtschiffs", sondern auch der Funktelegrafie und Seekabelkommunikation mit vielen Bildern aus der damaligen Zeit.
- **Plattdüütsch – das echte Norddeutsch** von *H. und H.-J. Fründt,* Reise Know-How Verlag, Reihe Kauderwelsch, Bd. 120 (begleitendes Tonmaterial erhältlich).

HILFE!

Dieses Urlaubshandbuch ist gespickt mit unzähligen Adressen, Preisen, Tipps und Infos. Nur vor Ort kann überprüft werden, was noch stimmt, was sich verändert hat, ob Preise gestiegen oder gefallen sind, ob ein Hotel, ein Restaurant immer noch empfehlenswert ist oder nicht mehr, ob ein Ziel noch oder jetzt erreichbar ist, ob es eine lohnende Alternative gibt usw.

Unsere Autoren sind zwar stetig unterwegs und versuchen, alle zwei Jahre eine komplette Aktualisierung zu erstellen, aber auf die Mithilfe von Reisenden können sie nicht verzichten.

Darum: Schreiben Sie uns, was sich geändert hat, was besser sein könnte, was gestrichen bzw. ergänzt werden soll. Nur so bleibt dieses Buch immer aktuell und zuverlässig. Wenn sich die Infos direkt auf das Buch beziehen, würde die Seitenangabe uns die Arbeit sehr erleichtern. Gut verwertbare Informationen belohnt der Verlag mit einem Sprechführer Ihrer Wahl aus der über 200 Bände umfassenden Reihe „Kauderwelsch" (siehe unten).

Bitte schreiben Sie an: REISE KNOW-HOW Verlag Peter Rump GmbH, Osnabrücker Str. 79, D-33649 Bielefeld, e-mail: info@reise-know-how.de

Danke!

Kauderwelsch-Sprechführer – sprechen und verstehen rund um den Globus

Afrikaans ● Albanisch ● Amerikanisch - *American Slang, More American Slang,* Amerikanisch oder Britisch? ● Amharisch ● Arabisch - Hocharabisch, für Ägypten, Algerien, Golfstaaten, Irak, Jemen, Marokko, ● Palästina & Syrien, Sudan, Tunesien ● Armenisch ● *Bairisch* ● Balinesisch ● Baskisch ● Bengali ● *Berlinerisch* ● Brasilianisch ● Bulgarisch ● Burmesisch ● Cebuano ● Chinesisch - Hochchinesisch, kulinarisch ● Dänisch ● Deutsch - *Allemand, Almanca, Duits, German, Nemjetzkii, Tedesco* ● *Elsässisch* ● Englisch - *British Slang, Australian Slang, Canadian Slang, Neuseeland Slang,* für Australien, für Indien ● Färöisch ● Esperanto ● Estnisch ● Finnisch ● Französisch - für Restaurant & Supermarkt, für den Senegal, für Tunesien, *Französisch Slang, Franko-Kanadisch* ● Galicisch ● Georgisch ● Griechisch ● Guarani ● Gujarati ● Hausa ● Hebräisch ● Hieroglyphisch ● Hindi ● Indonesisch ● Irisch-Gälisch ● Isländisch ● Italienisch - *Italienisch Slang,* für Opernfans, kulinarisch ● Japanisch ● Javanisch ● Jiddisch ● Kantonesisch ● Kasachisch ● Katalanisch ● Khmer ● Kirgisisch ● Kisuaheli ● Kinyarwanda ● *Kölsch* ● Koreanisch ● Kreol für Trinidad & Tobago ● Kroatisch ● Kurdisch ● Laotisch ● Lettisch ● Lëtzebuergesch ● Lingala ● Litauisch ● Madagassisch ● Mazedonisch ● Malaiisch ● Mallorquinisch ● Maltesisch ● Mandinka ● Marathi ● Mongolisch ● Nepali ● Niederländisch - *Niederländisch Slang,* Flämisch ● Norwegisch ● Paschto ● Patois ● Persisch ● Pidgin-English ● *Plattdüütsch* ● Polnisch ● Portugiesisch ● Punjabi ● Quechua ● *Ruhrdeutsch* ● Rumänisch ● Russisch ● *Sächsisch* ● *Schwäbisch* ● Schwedisch ● *Schwiizertüütsch* ● *Scots* ● Serbisch ● Singhalesisch ● Sizilianisch ● Slowakisch ● Slowenisch ● Spanisch - *Spanisch Slang,* für Lateinamerika, für Argentinien, Chile, Costa Rica, Cuba, Dominikanische Republik, Ecuador, Guatemala, Honduras, Mexiko, Nicaragua, Panama, Peru, Venezuela, kulinarisch ● Tadschikisch ● Tagalog ● Tamil ● Tatarisch ● Thai ● Tibetisch ● Tschechisch ● Türkisch ● Twi ● Ukrainisch ● Ungarisch ● Urdu ● Usbekisch ● Vietnamesisch ● Walisisch ● Weißrussisch ● *Wienerisch* ● Wolof ● Xhosa

Von Emden-Außenhafen nach Borkum (anschl. Inselbahn)

Fahrzeit Autofähre ca. 2 Std. 15 Min., Katamaran** ca. 60 Min.

Zeitraum	Mo	Di	Mi	Do	Fr	Sa	So
01.01. - 07.01.	08.00 09.15** 11.00 12.30** 16.30	08.00 16.30	08.00 16.30	08.00 16.30	08.00 17.00	08.00 16.30	09.15** 11.00 12.30** 16.30
08.01. - 31.03.	06.30**f 08.00 12.30**f 16.30	08.00 16.30	08.00 16.30	08.00 16.30	08.00 14.00**f 17.00	08.00 16.30	08.30 14.00**f 17.00
01.04. - 23.06.	08.00 09.15**a 12.30** 14.00 16.30**	08.00 09.15**a 12.30** 14.00 16.30**	08.00 09.15**a 12.30** 14.00 16.30**	08.00 09.15**a 12.30** 14.00 16.30**	08.00 09.15**a 12.30** 14.00 16.30** 17.00 19.15**■d	08.00 09.15** 12.30** 14.00 16.30** 19.15**d	08.00 09.15** 12.30** 14.00 16.30** 19.15**d
24.06. - 27.08.	08.00 09.15** 12.30** 14.00 16.30** 19.15**	08.00 09.15** 12.30** 14.00 16.30** 19.15**	08.00 09.15** 12.30** 14.00 16.30** 19.15**	08.00 09.15** 12.30** 14.00 16.30** 19.15**	08.00 09.15** 12.30** 14.00 16.30** 17.00 19.15**■	08.00 09.15** 12.30** 14.00 16.30** 19.15**	08.00 09.15** 12.30** 14.00 16.30** 19.15**
28.08. - 29.10.	08.00 09.15**c 12.30** 14.00 16.30**	08.00 09.15**c 12.30** 14.00 16.30**	08.00 09.15**c 12.30** 14.00 16.30**	08.00 09.15**c 12.30** 14.00 16.30**	08.00 09.15**c 12.30** 14.00 16.30** 17.00 19.15**■e	08.00 09.15** 12.30** 14.00 16.30** 19.15**e	08.30 09.15** 12.30** 14.00 16.30** 19.15**e
30.10.- 23.12.	06.30** 08.00 12.30** 16.30	08.00 16.30	08.00 16.30	08.00 16.30	08.00 14.00** 17.00	08.00 16.30	08.30 14.00** 17.00

a) Nur bis 21. April
b) Nicht am 17. April (Ostermontag), 01. Mai und 05. Juni (Pfingstmontag)
c) Nur im Oktober
d) Nur vom 07. bis 24. April und im Juni
e) Nur bis 14. Oktober
f) ab 21.02.
** Katamaran-Abfahrten (zuschlagspflichtige Schnellverbindung, 60 Min.)
■ via Eemshaven (NL) nach Borkum (ermäßigter Katamaranzuschlag)

Weitere Fährabfahrten

ab Bahnhof Borkum		
April	17., 22.	13.30 Uhr
Mai	01., 07. 28.	13.30 Uhr
Juni	05.	13.30 Uhr

Weitere Katamaran** -Abfahrten ▶

Von Orts-Bahnhof Borkum nach Emden

(Zug bzw. Bus ab Orts-Bahnhof; die Schiffe legen ca. 15 bis 30 Min. später am Hafen ab)

Zeitraum	Mo	Di	Mi	Do	Fr	Sa	So
01.01. - 07.01.	07.30 10.30** 13.30 14.30** 16.30	07.30 13.30	07.30 13.30	07.30 13.30	07.30 13.30	07.30 13.30	10.30** 13.30 14.30** 16.30
08.01. - 31.03.	07.30**f 08.30 13.30 15.00**f	07.30 13.30	07.30 13.30	07.30 13.30	07.30 13.30 15.00**f	07.30 13.30	09.15 15.00**f 16.30
01.04. - 23.06.	07.30**d 07.30 b 10.30**a 10.30 14.00** 16.30	07.30** 10.30**a 10.30 14.00** 16.30	07.30** 10.30**a 10.30 14.00** 16.30	07.30** 10.30**a 10.30 14.00** 16.30	07.30** 10.30**a 10.30 14.00** 16.30 17.30**d	07.30** 10.30** 10.30 14.00** 16.30 17.30**d	07.30** 10.30** 10.30 14.00** 16.30 17.30**
24.06. - 27.08.	07.30** 07.30 10.30** 10.30 14.00** 16.30 17.30**	07.30** 10.30** 10.30 14.00** 16.30 17.30**	07.30** 10.30** 10.30 14.00** 16.30 17.30**	07.30** 10.30** 10.30 14.00** 16.30 17.30**	07.30** 10.30** 10.30 14.00** 16.30 17.30**	07.30** 10.30** 10.30 14.00** 16.30 17.30**	07.30** 10.30** 10.30 14.00** 16.30 17.30**
28.08. - 29.10.	07.30**e 07.30 10.30**c 10.30 14.00** 16.30	07.30** 10.30**c 10.30 14.00** 16.30	07.30** 10.30**c 10.30 14.00** 16.30	07.30** 10.30**c 10.30 14.00** 16.30	07.30** 10.30**c 10.30 14.00** 16.30 17.30**e	07.30** 10.30** 10.30 14.00** 16.30 17.30**e	07.30** 10.30** 10.30 14.00** 16.30 17.30**
30.10.- 23.12.	07.30** 08.30 13.30 15.00**	07.30 13.30	07.30 13.30	07.30 13.30	07.30 13.30 15.00**	07.30 13.30	09.15 15.00** 16.30

ab Emden			ab Bahnhof Borkum	
Februar	25.	12.30 Uhr	25.	14.30 Uhr
April	17.	19.15 Uhr (Ostermontag)	17.	17.30 Uhr (Ostermontag)
Mai	01. 24. 25., 26.	09.15 Uhr 19.15 Uhr (via Eemshaven) 09.15 Uhr	01. 24. 25., 26.	10.30 Uhr 17.30 Uhr 10.30 Uhr
Juni	05., 06., 15., 16. 14.	09.15 Uhr 19.15 Uhr (via Eemshaven)	05., 06., 15., 16. 14.	10.30 Uhr 17.30 Uhr
Oktober	03.	19.15 Uhr	03.	17.30 Uhr
Dezember	23.	12.30 Uhr	23.	14.00 Uhr

Von Eemshaven nach Borkum (anschl. Inselbahn)

Fahrzeit Autofähre ca. 60 Min., Katamaran** ca. 30 Min.

Zeitraum	Mo	Di	Mi	Do	Fr	Sa	So
01.01. - 07.01.	12.00 15.15	12.00	12.00	12.00	12.00	12.00	12.00 15.15
08.01. - 31.03.	12.00	12.00	12.00	06.15 12.00	12.00	12.00	15.15
01.04. - 23.06.	07.30m 10.15 16.30	07.30 10.15 16.30	07.30 10.15 16.30	07.30m 10.15 16.30	07.30 10.15 13.30 16.30 20.15**d	07.30 10.15 13.30 16.30	10.15 13.30 16.30 19.15
24.06. - 27.08.	07.30 10.15 13.30 16.30	07.30 10.15 13.30 16.30	07.30 10.15 13.30 16.30	07.30 10.15 13.30 16.30	07.30 10.15 13.30 16.30 20.15**	07.30 09.15 10.15 12.00 13.30 15.00 16.30	07.30 10.15 13.30 16.30 19.15
28.08. - 29.10.	07.30 10.15 16.30	07.30 10.15 16.30	07.30 10.15 16.30	07.30 10.15 16.30	07.30 10.15 13.30 16.30 20.15**e	07.30 10.15 13.30 16.30	10.15 13.30 16.30 19.15
30.10. - 23.12.	12.00	12.00	12.00	06.15 12.00	12.00	12.00	15.15

d) Nur vom 07. bis 24. April und im Juni

e) Nur bis zum 14. Oktober

m) Nicht am 17. April (Ostermontag), 01. Mai, 25. Mai (Himmelfahrt) und 05. Juni (Pfingstmontag)

** zuschlagspflichtige Schnellverbindung (Fahrtdauer ca. 30 Min.)

Weitere Katamaran**-Abfahrten

ab Eemshaven		
Mai	24.	20.15 Uhr
Juni	14.	20.15 Uhr

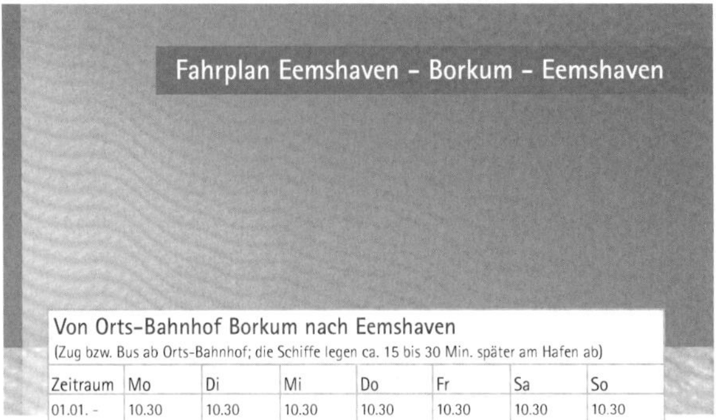

Von Orts-Bahnhof Borkum nach Eemshaven

(Zug bzw. Bus ab Orts-Bahnhof; die Schiffe legen ca. 15 bis 30 Min. später am Hafen ab)

Zeitraum	Mo	Di	Mi	Do	Fr	Sa	So
01.01. - 07.01.	10.30 13.30	10.30	10.30	10.30	10.30	10.30	10.30 13.30
08.01. - 31.03.	10.30	10.30	10.30 18.45	10.30	10.30	10.30	13.30
01.04. - 23.06.	08.30m 12.30m 17.30	08.30 12.30 17.30	08.30 12.30 17.30	08.30m 12.30m 17.30	08.30 11.30 14.30 17.30	08.30 11.30 14.30 17.30	11.30 14.30 17.30
24.06. - 27.08.	08.30 11.30 14.30 17.30	08.30 11.30 14.30 17.30	08.30 11.30 14.30 17.30	08.30 11.30 14.30 17.30	08.30 11.30 14.30 17.30	07.30 08.30 10.00 11.30 13.30 14.30 16.30 17.30	08.30 11.30 14.30 17.30
28.08. - 29.10.	08.30 12.30 17.30	08.30 12.30 17.30	08.30 12.30 17.30	08.30 12.30 17.30	08.30 11.30 14.30 17.30	08.30 11.30 14.30 17.30	11.30 14.30 17.30
30.10. - 23.12.	10.30	10.30	10.30 18.45	10.30	10.30	10.30	13.30

Weitere Fährabfahrten

ab Eemshaven			ab Bahnhof Borkum	
April	01. 08. 17. 22., 29.	09.15, 12.00 Uhr 09.15, 12.00, 15.00 Uhr 13.30 Uhr 09.15, 12.00 Uhr	01. 08. 17. 22., 29.	07.30, 10.00, 13.30 Uhr 07.30, 10.00, 13.30, 16.30 Uhr 11.30, 14.30 Uhr 07.30, 10.00 Uhr
Mai	01. 07. 25. 28.	13.30 Uhr 07.30, 09.15, 12.00 Uhr 13.30 Uhr 09.15, 12.00 Uhr	01. 07. 25. 28.	11.30, 14.30 Uhr 08.30, 10.00 Uhr 11.30, 14.30 Uhr 10.00 Uhr
Juni	05.	13.30 Uhr	05.	11.30, 14.30 Uhr

Ausfall von Fahrten und Änderungen im Programm sowie der Abfahrts- und Ankunftszeiten vorbehalten. Es gelten die „Allgemeinen Beförderungsbestimmungen" der AKTIEN-GESELLSCHAFT „EMS".

Weitere Fährabfahrten (vornehmlich Ferienbeginn/Ferienende Niedersachsen und Nordrhein-Westfalen) auf Anfrage im Service-Center Emden unter **Telefon 01805/180182 oder 01805/011211** (automatische Ansage) oder unter **www.ag-ems.de.**

Europa

Reise Know-How

Prag
Provence
Provence, Templer
Provence,
Wohnmobil-Tourguide
Pyrenäen

Rhodos
Rom
Rügen, Hiddensee
Ruhrgebiet
Rumänien, Moldau

Sächsische Schweiz
Salzburg
Sardinien
Sardinien,
Wohnmobil-Tourguide
Schottland
Schwarzwald, südl.
Schweiz, Liechtenstein
Sizilien
Skandinavien - Norden
Slowakei
Slowenien, Triest
Spaniens Mittelmeerküste
Spiekeroog
St. Tropez und Umgebung
Südnorwegen,
Lofoten
Südwestfrankreich
Sylt

Teneriffa
Tessin, Lago Maggiore
Thüringer Wald
Toscana
Tschechien

Umbrien
Usedom

Venedig

Wales
Warschau
Wien

Zypern

Edition RKH

Durchgedreht –
Sieben Jahre im Sattel
Eine Finca auf Mallorca
Geschichten aus dem
anderen Mallorca
Mallorca für Leib
und Seele
Rad ab!

Praxis

Aktiv Algarve
Aktiv Andalusien
Aktiv Dalmatien
Aktiv frz. Atlantikküste
Aktiv Gardasee
Aktiv Gran Canaria
Aktiv Istrien
Aktiv Katalonien
Aktiv Marokko
Aktiv Polen
Aktiv Slowenien
All inclusive?
Bordbuch Südeuropa
Canyoning
Clever buchen,
besser fliegen
Clever kuren
Drogen in Reiseländern
Feste Europas
Fliegen ohne Angst
Frau allein unterwegs
Fun u. Sport im Schnee
Geolog. Erscheinungen
Gesundheitsurlaub
in Dtl. Heilthermen
GPS f. Auto, Motorrad
GPS Outdoor
Handy global
Höhlen erkunden
Hund, Verreisen mit
Inline Skating
Inline-Skaten Bodensee
Internet für die Reise
Kanu-Handbuch
Kartenlesen
Kommunikation unterw.
Kreuzfahrt-Handbuch
Küstensegeln
Marathon-Guide
Deutschland
Mountainbiking
Mushing/Hundeschlitten
Nordkap Routen
Orientierung mit
Kompass und GPS
Paragliding-Handbuch
Pferdetrekking
Radreisen
Reisefotografie
Reisefotografie digital
Reisen und Schreiben
Reiserecht
Respektvoll reisen
Schutz vor Gewalt
und Kriminalität
Schwanger reisen
Selbstdiagnose
unterwegs
Sicherheit Meer
Sonne, Wind,
Reisewetter
Spaniens Fiestas

Register

Anhang

Der Autor

An der Nordsee (Cuxhaven, 1942) wurde er geboren, an der Weser (Brake) wuchs er auf. Gut zwanzig Jahre fuhr er weltweit zur See, lange Zeit verbrachte er im Inselstaat der Philippinen. Natürlich spricht er fließend „Platt“. Und auch die Ratschläge für die Sicherheit am Strand entstammen solider Praxis: Der Autor war bereits 1955 Deutschlands jüngster Rettungsschwimmer.

Wer wäre besser befähigt, einen Reiseführer über ein Eiland wie Borkum zu schreiben? Der vorliegende Band ist Hanewalds vierundzwanzigstes Buch. Mit über 1000 Fotoreportagen ist der Autor überdies einer der produktivsten Journalisten seines Genres, vertreten in bislang vierzig Ländern.